JN093734

日本はどこで道を誤ったのか

山口二郎
Yamaguchi Jiro

インターナショナル新書 143

序章

二〇二四年に入って、日本の株価は上昇を続けて、二月にはバブル崩壊前の最高値を更新した。確かに、企業業績は好調で、株高には根拠があるのだろう。これをもって、日本は失われた三〇年から脱却したと言いたい人たちもいる。しかし、GDP（国内総生産）成長率は、二〇二三年の六月～九月、九月～一二月の、2四半期連続のマイナスであり、二〇二三年のGDPはドイツに抜かれて世界第四位に後退した。また、実質所得も減少を続けている。物価の上昇に賃金が追いついていないからである。二〇二三年の生活保護申請件数は二五万件を超え、この一〇年余りで最多となった。厚生労働省は「新型コロナウイルス感染症の影響が長期化したことや、物価高騰などで貯蓄が減少していることが影響していると考えられる」と説明している。

富の尺度としてGNP（国民総生産）を使っていた一九八〇年代初頭までは、GNPが増えれば賃金も上がり、株価も上昇し、生活の豊かさを感じられるという具合に、様々な経済指標が、よきにつけ悪しきにつけ、同じ方向を向いて動いていた。しかし、今は、経済指標がバラバラに動く。一つの国に住んで、GDPの産出に加わる人間の間で、ある所には日差しが降り注ぎ、別の所では冷たい雨が降るという形で、正反対の効果が及んでいる。

経済という言葉の起源は、経世済民という漢語であり、世の中の秩序を守り、民を救うという意味である。人間が生産活動に従事するのは、より豊かな暮らしをするためである。経済発展の成果は、その社会で生産活動をする人みんなに広く及ぶべきというのが、経済という言葉をつくった人の思いだったのだろう。今日のいびつな日本経済を見て、これからの経済とはこんなものと言う人がいるのなら、エコノミーの訳語を経済から他の言葉に変える運動を起こすべきである。

経済のゆがみは、自然現象ではなく、人間の作為の結果である。生産活動の前提となる気象でさえ、近代における人間の活動によって変化し、人間の生存を脅かそうとしている。人間の労働や生活の豊かさは、人間の生産活動にかかわるルールのありようや、生産によってできた富の分配の仕方によって、大きく左右される。

近代の人間の経済活動には、様々な段階があったので、それぞれの段階に適合するルールや配分の仕方があったと、事後的に評価することもできる。日本で言えば、遅れて近代化を始めた日本にとって、国民に質素倹約と貯蓄を押し付け、資本蓄積を行い、富国強兵の道を進んだことにも理由はあった。第二次世界大戦で崩壊した国を立て直すためには、傾斜生産方式から始まって、輸出振興、技術開発、日本的経営による労働者へのインセンティブなどを核とする成長政策が進められたことにも理由があった。

しかし、社会の姿も、人間の生活の仕方も、時代とともに変化する。バブル経済が終わった後の長期停滞の中で、高度成長期の成功体験に呪縛されたがゆえに日本は変われず、世界から取り残されたという類の議論をよく聞いた。それは当たっているのだろう。

そこで、政治が必要となる。政治とは、経済活動に関するルールや富の配分の仕方を決める作業だからである。失われた時代が続いたということは、技術の停滞、出生数の減少による人口減、地域社会の消失などの問題について、政治が有効な解決策を決めることができなかったことに起因している。政治学を専門とする私が、経済危機に関心を持つことも、そのためである。

最近の株高で、政界・経済界のエリート層は根拠のない幸福感を持って、現状を変える必要を感じなくなっているかもしれない。他方、その種の経済指標とは無縁の、厳しい生活を送っている人々も、自分の生活がもっと楽になるような別の世の中があり得るという想像力を失っているのだろう。両方の不作為によって、失われた時代がさらに続くならば、それは、私を含むこの数十年の日本を支えた世代の大罪となる。

日本にとっての最初の転機は、一九七三年の第一次石油危機だったろう。当時私は中学生で、資源のない日本はこれからどうやって食べていけるのかという悲観的な気分が世の中を覆ったことをよく覚えている。石油危機によって高度成長の時代が終わった日本は、久しぶりに、思考と決定を迫られたのである。政界・経済界のエリートは、実際にいくつかの政策を考え、決定し、今日の日本は格差と貧困が横溢《おういつ》する状況に至った。

しかし、この五〇年間、一本の線路を走ってきたわけではない。その途中、別の道の提案もあったし、別の方向に動き出す試みもあった。特に、高度成長が突然終わった直後、効率を上げて生産を増やすという道だけでなく、人間の生活を充実させる公平で民主主義的な国をつくる構想もあった。

この本では、失われた時代の起点を、高度成長が終焉《しゅうえん》した、約五〇年前に求める。それ以後、知識人、官僚、政治家がどのような構想を打ち出し、実際にどのような政策が決まってきたかをたどることとする。

それは、単に死んだ子の年を数える話ではない。実現したかどうかは別として、次の時代に向けて自分たちが生きるこの社会を改良・改革するために知恵を振り絞った先達の努力を見れば、今の自分たちも諦めることなく、別の選択肢を考え出さなければならないという責任感を持つよう、叱咤《しった》される思いがする。過去の構想の中に、これからの日本が向かうべきモデルのパーツは必ず存在するはずである。

目次

第二章　高度成長終了後のもう一つの道

第三章　バブルの絶頂から見た未来像

第四章　最初の政権交代をめぐる希望と挫折

1　冷戦構造崩壊と政治秩序の動揺

冷戦の終わりと自民党一党支配の限界／改革派の構図

2　改革論の二つの流れ

①小沢ビジョンの本質

「普通の国」の衝撃／小沢の新しさ

②新党さきがけという希望

リベラルな保守という新種／国家像論議への傾斜

3　最初の政権交代はなぜ頓挫したか

①政治改革という第一関門

選挙制度改革という焦点／政治改革以後の戦略の欠如

②国家像という虚像

憲法論議の意義と限界／自民党の延命という政治的失敗

第七章　民主党政権は何をしたのか

図版制作　タナカデザイン
本書は集英社クオータリー『ｋｏｔｏｂａ』の連載「日本はどこで道を誤ったのか」（二〇二一年春号から二〇二四年冬号）を大幅に加筆・修正したものです。

第一章　今、日本に何が起こっているのか？

世界気象機関（WMO）は一二日、二〇二三年の世界の平均気温が観測史上最も高かったと発表した。（中略）
温暖化の国際ルール「パリ協定」では、温暖化による危険な影響を減らすため、今世紀末時点での気温上昇を産業革命前と比べて二度よりかなり低く、できれば一・五度に抑える目標を掲げる。（中略）
二三年の世界平均気温について、WMOは「世界はパリ協定で定められた限界にますます近づいている」と評価した。これまでの予測では、二七年までに世界平均気温が一時的に一・五度を超えてしまう確率が六六％あるとされている。（朝日新聞、二〇二四年一月一三日）

気候変動は世界各地で大きな自然災害をもたらしている。ゆえに、人類の生存が危うくなりつつあるという認識が、若い世代を中心に世界に広がっている。日本では、バブル経済が終わって三〇年、つまりひと世代分の年数が経った。日本という国の持続可能性も危ぶまれる時代となった。それについて、日本社会にどれほど危機感が広がっているのだろうか。

危機の打開策について知恵がないわけではない。政治学を研究する者にとっての大きな課題は、危機に関する認識を共有し、転換という意思決定を行うことがいかにして可能かを考えることである。まず必要なことは、二〇二〇年代前半の日本の状況を的確に認識することである。そして、政治の世界で転換という意思決定を妨げている要因について、検討することが必要となる。

さらに、戦後史をさかのぼって、それぞれの時代の政策立案者や知識人が同時代の日本についてどのような自画像を描き、変化の処方箋を書いていたかを考察したい。一九七〇年代に二度の石油ショックによって高度成長が終わったものの、日本は省エネの技術革新をいち早く進めて競争力を強め、一九八〇年代には「ジャパン・アズ・ナンバーワン」と米国の学者に言われるまでになった。しかし、学者や官僚の中には繁栄を冷静に突き放し、次の時代に向けてシステムの転換を提言した人たちもいた。

公共部門を切り刻み、公務員を減らしたり待遇を悪化させたりすることを改革と呼ぶ、粗雑で反知性的な用語法がまかり通っている今、これまでの日本でどのような改革が構想されていたかを明らかにすることは、必要な転換を行うために不可欠な基礎作業である。

1　コロナ禍の後、政治の継続を選んだ日本人

停滞をもたらした日本の「個性」

　今の日本政治における最も重要な争点は、根拠なき現状肯定と、的確な危機感に基づく変革との間の対立である。二〇二一年一〇月の衆議院選挙では、国民は政治の継続を選んだ。これは自民党、公明党の勝利というより、野党の敗北である。衆議院選挙の主要なテーマは、政権与党の実績に対する評価であるべきだが、菅義偉《すがよしひで》首相の突然の辞任によって、実績評価の側面はぼやけてしまった。変化を訴えるべき野党が、変化の道筋とその先につくるべき日本社会のイメージを十分説得的に打ち出すことができなかったために、小選挙区で勝ちきれなかった。また、日ごろから野党の支持率が極めて低いのは、もう一つの日本をつくり出す主体になれるという信頼感がないためである。

　論壇、特に経済誌では、産業競争力の低下、賃金の停滞、円安と物価上昇に伴う生活苦など、日本経済の先行きに関する悲観論や警鐘を鳴らす議論が頻繁に登場している。例えば、経済学者の野口悠紀雄《ゆきお》は日本と韓国を比較して、一人当たりのＧＤＰで韓国が日本を

追い越した要因を分析している。韓国は為替切り下げに走らず、輸出競争力を強化して輸出依存でGDPを増やしたのに対して、日本は第二次安倍晋三《しんぞう》政権の下で円安という安易な方法で輸出企業の利益を増やしたことが、最大の原因とされる（「給料上がらない日本と上がった韓国は何が違うか」東洋経済オンライン、二〇二二年一二月一二日）。

日本の現状を知るための格好の手掛かりが、二〇二一年秋に出版された、本田由紀『「日本」ってどんな国？』（ちくまプリマー新書）である。この本は、高校生向けの入門書という形をとっているが、家族、ジェンダー、教育、人間関係、経済・仕事、政治・社会運動という広い分野にわたって、豊富なデータを駆使して、日本の「今」を詳しく説明している。本田が強調しているのは、日本人が「当たり前」だと思っている各分野の制度、慣行、常識は、世界各国と比べると決して当たり前ではないこと、そして日本人が固執する当たり前がこの三〇年の日本経済の衰弱や社会の収縮の原因となっている点である。より多くの人にこの本を読んでもらいたいが、私にとって興味深かった点をいくつか挙げてみたい。

日本で人口減少が止まらないのは、若い人々に持続的で安定的な家族を形成することを妨げる、あるいは躊躇《ちゅうちょ》させる要因が存在することの反映である。本田は、経済的要因もさることながら、日本人が家族関係について不満を抱えていることが、世界的に見ても突出していると指摘する。愛情や相互理解という実感を持てない人が多い。この特徴を私なりに拡張すれば、日本人は他者と関係性をつくることに困難を覚え、社会を構築することも難しくなっているのだろう。

その点は、日本人における友人関係の希薄さとも関連する。友人の存在は、その人の経済力や社会的地位に規定されることが明らかにされている。そして、高齢の男性には友人がおらず、交流の機会を持たない人が多い。さらに、他人を信頼できるかという問いに対しては、いつでも、あるいはたいてい信頼できると答える人が日本では三分の一強で、先進国の中では圧倒的に少ない。西欧諸国ではどの国でも六割以上が信頼できると答えている。また日本社会は、他人に対して冷淡な人が多いことがデータから明らかにされている。

ジェンダー差別については、私たちの実感を裏付けるデータが並んでいる。学力に関しては理系科目でも男女差はないはずなのに、女性は理系に向かないという社会的偏見を内面化しているためか、理系科目について苦手意識を持っている女子生徒が多い。そして、進学の段階で科学・技術の分野で女性が排除されている。

学校教育に関する国際比較の中で、日本では基礎学力の育成について成果を上げていることは確認される。しかし、学びの質については問題があることを、本田は指摘している。

日本の子どもたちは試験不安が強い一方で、学習への動機付けが弱いという特徴が明らかにされている。他者あるいは世間からの評価の目を恐れる一方、自分自身の成長・発達のために学ぶ意欲がわいてこないということなのだろう。

自己責任の内面化

私の専門分野である政治に関連づければ、これは子どもだけの問題ではない。今の日本に、他者の目を気にせずに自分自身の意見を持ち、世の中の改善のために働きかける真の意味での「社会人」があまりにも少ないことの源は、ここにあるのではないかと思える。

経済分野では、競争力の低下が進む一方、サービス業における非正規雇用が増え、賃金の低下が続いている。近年、役所も大学も民間企業を見習えとの風潮が政策を支配しているが、スイスのＩＭＤ（国際経営開発研究所）というシンクタンクによる競争力ランキングの詳細を見れば、日本の企業の管理職には起業家精神が乏しく、国際経験も少なく、世界的なデジタル化の潮流に乗り遅れているというデータもある。また、日本人は自分の仕事に対する満足度が低い。これは日本のメンバーシップ型の雇用システムの中で、働く人に自由や自律が認められておらず、人間関係を気にしなければならない労働環境の表れと解釈できる。

政治の分野では、とりわけ若者の政治的関心と政治的有効性感覚（自分たちが政治に参加することで世の中を変えられるという感覚）は低い。また、社会経済的な問題について政府の責任だと考える人も少ない。いわば自己責任を内面化し、政府に政策的対応を要求しない態度が一般化していることがうかがわれる。

以上に紹介した日本人の意識や社会経済システムは、第二次世界大戦の敗北から立ち上がって、経済復興、経済成長を追求した時代には、目的に適合したものであった。従業員の忠誠心とモチベーションを確保する長期安定雇用、男性が稼ぎ女性が家族のケアをするという性別分業システムがその典型である。また、疾病、加齢、家族の扶養など生活にかかわるリスクは、雇用主が保障してくれる雇用、賃金およびフリンジベネフィット（賃金以外の経済的利益）でカバーされていたので、社会的な制度インフラとしてリスクに対処することを求めるという政治的な要求も小さかった。しかし、本田も指摘するように、バブル経済が終わり、グローバル化が進み始めた一九九〇年ごろから、これらの「特徴」は日本の停滞をもたらす桎梏《しっこく》となった。

それゆえ、高度成長が終わり、世界に冠たる競争力を持つようになった一九八〇年代以降、システムの転換についてどのような議論があり、どのような政策転換の試みがあったかを検証することが重要となる。

2　正常性バイアスの国、日本

「たぶん大丈夫」という心理

本田の著書で説明されているような日本の困難を直視することは、愉快な話ではない。一般庶民だけでなく、政策立案にあたるエリートまで現実から目を背《そむ》け、希望的観測に基づいた机上の空論で政策をつくり、仕事をした気分になっていたのが第二次世界大戦以来の日本の特徴である。戦争が終わっても、このような発想は公害、薬害、不良債権処理の失敗などで繰り返されてきた。

災害や事故が迫っていても自分だけは大丈夫だろうと思い込んで、危機を回避する行動をとらない心理を、心理学では正常性バイアスと呼ぶ。国民レベルでの正常性バイアスの実態を知る材料として、内閣府が毎年行っている「社会意識に関する世論調査」がある。この調査は、社会の現状に対する満足度、国の長所や短所に関する国民意識の変化を明らかにしている。

調査項目の中で特に注目されるのは、「社会全体の満足度」という問いに対する答えの変化である（図1－1）。二〇〇〇年代は「満足している」が「満足している」を一五ないし二〇ポイント上回っていたが、二〇一二年と一三年の間に大きな変化が起こっている。「満足している」が急増、「満足していない」が急減して逆転し、一四年以降は「満足している」が「満足していない」を二〇ポイント程度上回る状態が続いている。

では、二〇一二年から一三年にかけて人々の社会に対する満足度をこのように劇的に変化させた要因は何か。この時期の国民的な経験といえば、東日本大震災と福島第一原発事故しか思い当たらない。震災と原発事故の混乱がある程度収拾されたというイメージが流《る》布《ふ》され、安堵の気持ちが広がったことは、当時の実感として記憶にある。もちろん、震災からの復興や原発事故の収拾が実際にできていたかは別問題であるが。震災は人々の生活に関する期待水準を変えた。物的豊かさや精神的充実感がそれほど大きくなくても、平穏無事な生活を続けられることで満足するという感覚が広がっていったと思われる。具体的に満足している点に関する調査でも、二〇一二年から一四年にかけて「特にない」という答えが一〇ポイント急減している。これは社会全般に対する満足度の上昇の裏面とも言う

図 1-1　社会全体の満足度

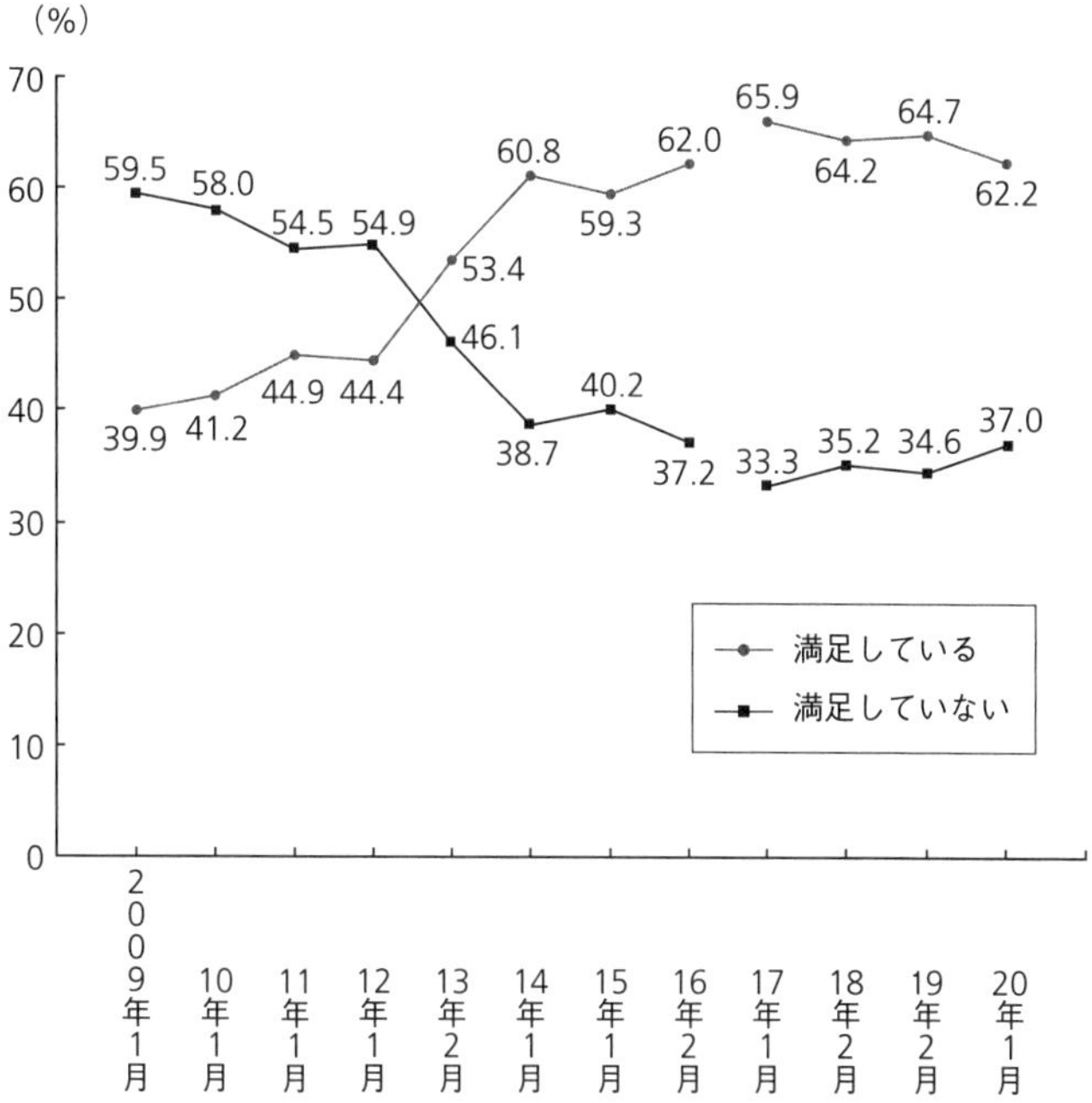

(注) 2016年2月調査までは、20歳以上の者を対象として実施。
2017年1月調査から18歳以上の者を対象として実施。

出典：内閣府「社会意識に関する世論調査」

べき変化である。

社会に対する不満は、問題を解決し、状況を改善しようという意欲の源になる。二〇〇〇年代は不満を抱く人が多かったからこそ、政権交代への期待も高まった。しかし、当時の民主党政権は成果を上げることなく自壊したというイメージが一般的である。また、大震災と原発事故は、より良い社会をつくり出すという可能性を追求することを

図 1-2　日本の誇り

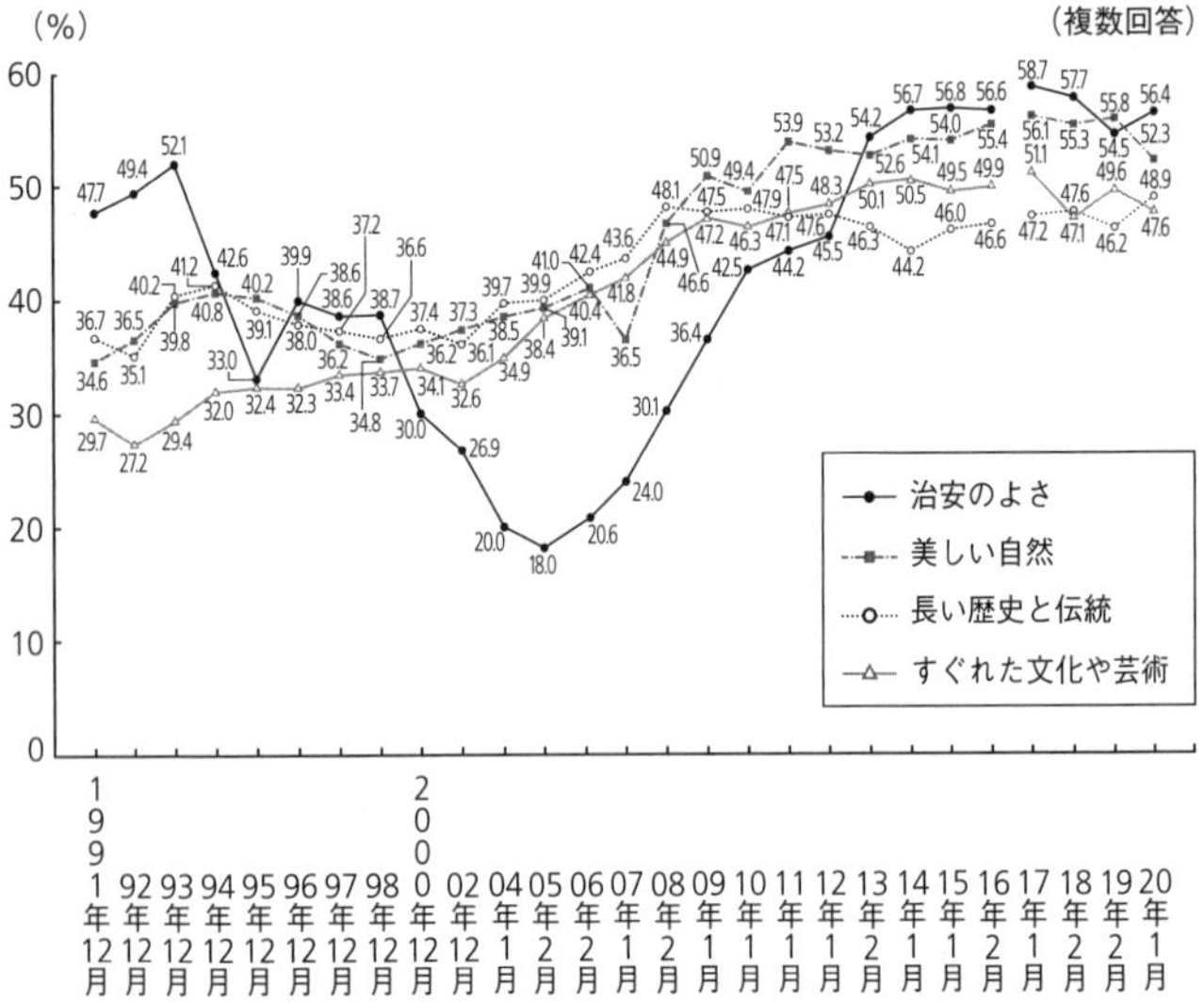

(注)2016年2月調査までは、20歳以上の者を対象として実施。2017年1月調査から18歳以上の者を対象として実施。
出典:内閣府「社会意識に関する世論調査」

断念させたと言えるだろう。満足度の上昇は、苦境に直面した国民の、心理的苦痛から免れたいという自己防衛の機制の表れでもある。これが第二次安倍政権の長期化を支えた要因である。

震災を境とする現状満足の上昇以外にも、全般的な現状肯定の気分の高まりは二〇〇〇年代から観察される。「日本の誇り」という項目（図1-2）では、「治安のよさ」「長い歴史と伝統」「すぐれた文化や芸術」「美しい自然」について「誇りに思う」と答える人が二〇〇〇年代後半から漸増している。

図 1-3　現在の世相（暗いイメージ）

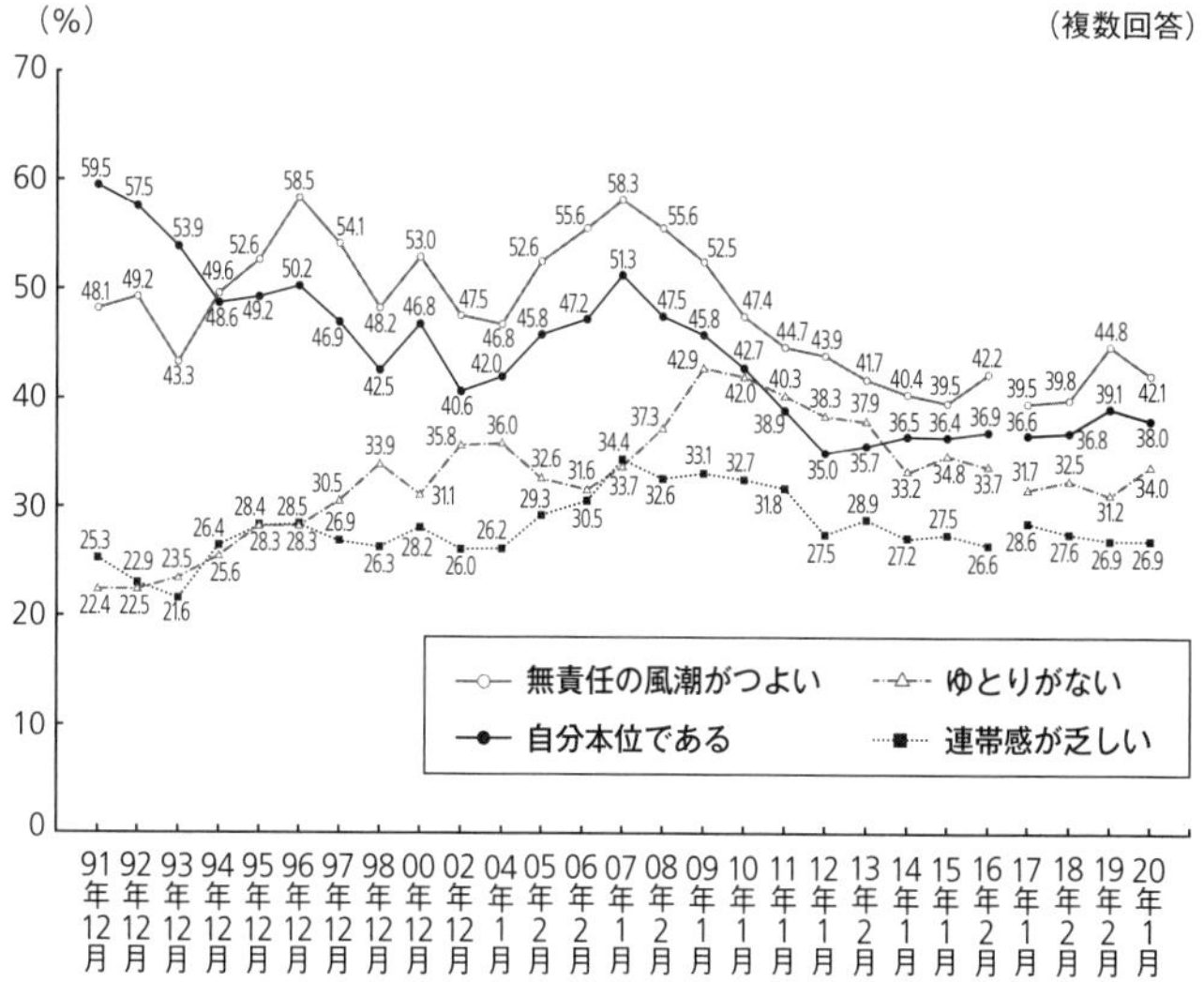

（注1）1997年12月調査までは、「悪い意味では、どのような表現があてはまると思いますか。」と聞いている。
（注2）2016年2月調査までは、20歳以上の者を対象として実施。2017年1月調査から18歳以上の者を対象として実施。
出典：内閣府「社会意識に関する世論調査」

歴史、文化、自然などは急速に変化するものではなく、変化しているのは人々の「誇りたい」という自尊感情の方である。逆に、「現在の世相（暗いイメージ）」という項目（図1－3）では、「無責任」「自分本位」「ゆとりがない」という悪いイメージについて賛成する答えが二〇〇〇年代後半から減少している。二〇〇〇年代中ごろからは、小泉純一郎政権による新自由主義的な政策が効果を表し、生活のゆとりはなくなったはずだが、それを問題視する人が減っている。誇りたい気持ちの高まりと、悪いと思われる特徴を見ようとしない態度は表裏一体である。こうした感情は、社会に対する満足度の高まりに先行している。

現状肯定と第二次安倍政権の関連

ただし、現状肯定気分の高まりは、ナショナリズムの亢進《こうしん》とは異なる点にも注意しておく必要がある。「国を愛する気持ちの程度」という項目では、二〇〇〇年代には「強い」という答えが少し増加したが、その後横ばいで推移し、一〇年代中ごろからは微減している。また、「国を愛する気持ちを育てる必要性」という項目では、「そう思う」という答えが二〇一〇年ごろまで七〇％から八〇％で推移したが、一〇年代中ごろから微減している。人々の現状肯定は、例えば安倍元首相を支えている右派的なナショナリズム、つまり政治的に活発で他国民を排斥するような自国中心主義とは異質なものであることがうかがえる。この点でも、現状肯定気分が日本の苦境に対する防衛機制であることと符合する。

このような現状肯定気分が高まった時期は、民主党政権から第二次安倍政権への交代の時期と重なっている。しかし、安倍政権の政策によって社会状況が改善され、人々の満足度が向上したわけではない。二〇一三年の調査は二月に行われており、前年一二月末に発足した安倍政権の実績とは無関係である。むしろ、人々の社会に対する満足度が高いために、安倍政権も支持され、史上最長の政権となったという方が正しい因果関係である。

中核的な安倍支持者による熱狂的な支持とは異なり、漠然とした現状肯定に基づいて安倍政権を支持した人々は消極的な支持を保持していた。憲法上の疑義がある安保法制が争点となったり、森友・加計《かけ》学園問題のような権力者の政治倫理上の問題が露見したときには、支持率は低下した。しかし、だからといって政治を転換する意欲はない。公明党の山口那津男《なつお》代表が国政選挙のたびに、「安定か混乱か」というスローガンを唱えて野党を攻撃し、自公連立を正当化するのは、人々のこうした気分をとらえてのことであろう。

イデオロギー的なナショナリズムに染められているわけではない点に救いがあるとしても、根拠のない、漠然とした現状肯定は、ゆでガエルとも形容される日本社会の現状に当てはまる。

3 「改革」というシンボルとポピュリズム政治

反既成政党という政党

二〇二一年一〇月の衆議院選挙の結果の中で、日本維新の会（以下、維新と略記）の躍進が注目を集めた。批判ばかりというレッテルを貼られた立憲民主党がうかうかしていると、維新が野党第一党になるかもしれないという話を、立憲の政治家からも聞く。維新の台頭は、変革を求める有権者の期待を受け止めたからだという説明もある。確かに、あの党は改革を唱え、大阪都構想のような新奇なことを進めるというイメージがある。そうした民意の変化待望と、ここで述べた現状肯定の関係について考えておく必要がある。

私は、維新について、日本における右派ポピュリズムの典型例だととらえている。右派を構成するのは、ナショナリズムの尊重、経済における競争の奨励と勝利を収めた強者の称賛、負けた側に対する自己責任の押し付け、個人の自由・自立よりも社会や集団の秩序の押し付けなどの原則である。

ポピュリズムについては、イギリスの政治学者、コリン・クラウチの定義が有用だと考える。ポピュリストは、二〇世紀後半に先進民主主義国で定着した政党システム、政策形成に関する公式、非公式のルールや手続き、制度化された利益配分の政策を攻撃して政治過程に参入した新参者である。そして、経済成長の停滞や自由競争に伴う格差拡大の時代の中で、政治過程に代表されていないという不満を持つようになった組織されざる市民を代表すると自称する（Colin Crouch, *Post-Democracy after the Crises*, Polity, 2020, pp.100-101）。また、「市民」とリーダーとの間に既存の政党や利益団体が立ちはだかり、真の「民意」が政治に表出されないという批判を繰り返す。ポピュリストはそうした障害物に対する憎悪を粗野な言葉で表現することへの社会的制約を取り払い、政治的論議の空間が荒々しいものとなる。ポピュリスト的指導者は、国民・市民の敵に対する憎悪をむき出しにする表現を解放するのである。言葉の破壊が変革の象徴として歓迎される。

クラウチのこの定義は、維新の台頭を説明することにも有効である。維新が大阪で急速に勢力を伸ばしたことには理由がある。バブル期以来、大阪に本拠を置く大企業が次々と本社を東京に移した。大阪の経済的地盤沈下は明らかであった。他方で、バブル期に進められた巨大開発は負の遺産となっていた。維新は、大阪府・大阪市における政党間の談合、当局と労組の癒着こそが、既得権をつくり出し、温存してきた元凶だと非難した。生活に苦労する市民から遊離した政治・行政のアクター（行為主体）を打倒することが、地域再生の突破口になるというわけである。「身を切る改革」とは、まず政治・行政の当事者の権益を剝奪するシンボルとなった。

橋下《はしもと》徹元大阪市長のメディアにおける発言を見ればわかるように、政治的な「敵」を憎悪し、罵倒する言葉を解禁したという点でも、維新は政治の言説を変えた。大阪の場合、大阪のテレビのキー局と芸能プロダクションがそうした荒廃した言説を商品としてさらに拡散・定着させることに加担したことは、外国にない特徴である。大阪産の全国的なブランドを必要としている地元メディアにとって、維新こそ格好の商品である。維新を売り込むメディアは報道機関としての倫理を放棄している。また、人々は、市民の敵を罵倒する言葉を聞いたりしゃべったりすることに躊躇を感じなくなった。むしろ、かつての言葉遣いに関するコードを守る政治家・言論人は、それだけで古臭い存在として攻撃を受ける。

維新が住民投票を好むのも、クラウチの議論で説明できる。維新にとって他党の議員は市民を代表しない既得権者であり、民意に基づく決定を行うためには直接民主制が必要である。それゆえ、大阪再生の切り札である都構想の実現のためには、住民投票によって決めるしかない。維新は二回の住民投票を実施したが、いずれも僅差で否決された。最初の投票において大差で否決されていれば維新の政治的影響力も損なわれたであろうが、改革賛成派がほぼ半分存在することで、否決は維新の勢力を止めなかった。改革の真意がさらに理解されるよう努めるという形で、改革勢力は延命できる。

クラウチは、ポピュリズムを推進する心性《しんせい》として、悲観的ノスタルジア（回帰願望）を挙げている。イギリスのEU離脱は大英帝国の栄光を目指すもの、ドナルド・トランプのスローガンは「アメリカを再び偉大に（Make America Great Again）」で、より具体的に言い換えると、マッチョな白人男性が社会経済の主役だった時代に戻れという意味である。

空虚な改革スローガン

悲観的ノスタルジアに基づく右派ポピュリズムが変革をもたらすものではないことは、明らかである。まず、先に規定した右派イデオロギーは、本田が指摘する日本の閉塞の原因、個人の抑圧と過度な規律の強調、格差を広げる自己責任の押しつけを一層加速する。

維新の場合も、悲観とノスタルジアは結びついている。過去数十年の大阪の地盤沈下を踏まえているので、維新は現状に対して、このままだとじり貧だと、悲観的である。それゆえに大胆な提案が正当化される。維新が掲げる大阪の成長戦略は、万国博覧会とカジノである。まさに、一九七〇年の万博による開発の焼き直しである。カジノについては、持続可能性が危ぶまれるとして躊躇する自治体もある中で、維新は、場外馬券売り場を誘致してさびれた中心市街地に人を呼ぼうという発想を大阪全体に当てはめようとしている。

悲観的ノスタルジアも、現状に対する不満から出発する。不満がシステム転換につながるためには、まず何より現状の問題に関する的確な因果分析が必要であり、その上に社会経済システムを転換するための処方箋を書くことが解決の作業となる。悲観的ノスタルジアに基づくポピュリズムの場合、因果分析をせず、わかりやすい「敵」や「障害物」を設定して、原因をすり替える。

維新の場合は、既成政党や公務員集団を停滞の原因である「敵」と見なし、対策は統治機構改革しかないと主張する。これは社会経済的な問題自体の解決策ではなく、問題を処理するための仕組みをいじるという意味でメタレベルの対策である。そして、メタレベルの対策のキーワードは、「リセット」である。つまり、従来の政治、行政の制度を一度解体して更地にし、新しいものを立ち上げるということである。リセットとは、安易で刹那的な発想である。このたとえが若い人に理解されるかどうか自信はないが、パソコンで麻雀ゲームをだらだらと続けていて、高い手が出来そうなよい配牌が来るまで、何度もゲームを再起動するような態度である。あくまで自分は受動的で、現実世界の困難の中で様々な要素を組み合わせながら政策を構築するという建設的な態度ではない。

まとめて言えば、悲観的ノスタルジアに基づく改革願望とは、積極的なシステム転換につながる動機ではない。現状の中にどっぷりつかり、現状に対する欲求不満や、新しい刺激への欲求を、粗野な言辞を吐く政治家に託す態度である。それは、現状から出るつもりのない人が現状否定の言説を消費する態度と言ってもよい。

ノスタルジアと諦観

それでは、第二次安倍政権は、悲観的ノスタルジアとどう関係したのか。政権奪還の際のスローガンが「日本を取り戻す」だったことに現れたように、安倍政治もノスタルジアを基調としていた。安倍は外交面で積極的に行動して人気を集めた。経済的に没落しつつある現状を覆い隠し、他国の政治リーダーと渡り合うことで、人々の間に大国としての自尊心を回復した。また、特に韓国に対する強硬な姿勢を取ることによって、経済的に追い上げられている現状から目を背け、政治的優越感を高める演出もした。経済政策におけるアベノミクスは、大幅な金融緩和と円安誘導によって輸出企業に利益をもたらす効果を上げたが、新しい産業技術は育たなかった。ゆえに、経済政策はその場限りのドーピングであった。また、男女の平等や性的少数者の権利擁護などの課題に関しては、伝統的家族像を持ち出して、一貫して消極的であった。この点では、悲観的ノスタルジアが発揮された。

二〇二一年九月に発足した岸田文雄政権が継続する中で、政治の雰囲気が変化した面もある。翌二二年七月、安倍元首相が参議院選挙の応援演説の際に暗殺された。犯人は、世界平和統一家庭連合（旧統一教会）の熱心な信者の息子で、親が旧統一教会に巨額な献金を行い、経済的に破綻したことから、旧統一教会に対する復讐を企てていた。安倍が旧統一教会と極めて親密な関係にあったことから、安倍をその代わりに狙ったというのが動機であった。この事件によって自民党の保守派と反社会的集団である旧統一教会の癒着の一端が明るみに出た。しかし、岸田は安倍の葬儀を国葬として実施し、国論は賛否両論に分かれた。

その後、特に二〇二三年夏以降、内閣支持率は低下を続け、同年末には自民党のパーティー券収入を原資とする裏金づくりが明るみに出て、過去の疑獄事件のような危機に陥りつつある。最大の裏金をつくったのが安倍派であり、安倍政権時代の最大派閥は、最も腐敗した政治集団の汚名を着ることとなった。二〇二四年一月の時点で、各種世論調査における内閣支持率は二〇％台、自民党支持率も二〇％台であり、この低支持率は二〇〇〇年代後半の混乱期以来のことである。

政治スキャンダルの勃発を見て、政権や自民党の支持率が大きく低下することは、日本人が批判精神を失っていないことの現れである。しかし、二〇〇〇年代後半と異なるのは、政権交代の機運が全く現れないことである。そのことの責任は、自民党に対抗する勢力として結集することができない野党側にある。国民も、政権交代を諦めているように見える。野党の無策と国民の諦めが悪循環を起こしていると言わざるを得ない。

4　批判忌避とナルシシズム

ディスることは悪いことか？

システム転換の起点となるための現状分析は、現状に対する厳しい批判・否定でなければならない。二〇二一年一〇月の衆議院選挙で立憲民主党が負けた後、急に、野党は批判ばかりというネガティブキャンペーンが始まったこと、そして維新がそれに付和雷同し、自らを提案型野党と性格づけていることは、今の政治の雰囲気を表している。政治権力者の犯罪行為や、システムの機能不全によって犠牲になる人々の立場からシステムを批判することを、無意味な批判と切り捨て、与党と提案型野党がそのような合唱をすることは、現状肯定の翼賛体制をつくる試みと言うしかない。他方で、自民党と維新は憲法審査会での統治機構改革の議論は熱心に進めようとしてきた。メタレベルの制度をいじることで、政治家は仕事をしたふりをする。まさに、現状から出るつもりのない政治家による原因のすり替えである。

現状を批判できない心性とは、自己愛（ナルシシズム）や自己陶酔である。日本人のナルシシズムについて、戦後日本の最も優れた批判的知性であった藤田省三《しょうぞう》は次のように語っている。

日本社会の特徴は、自分の自己愛を自分が所属する集団への献身という形で表す。（中略）しかしこれはほんとうはナルシシズムであって、自己批判の正反対のものなのです。（中略）日本人の集団主義は、相互関係体としての集団、つまり社会を愛するというのではなくて、自分が所属している集団を極度に愛し、過剰に愛することによって自己愛を満足させているのですから、そこに根本的な自己欺瞞《ぎまん》がある。（「〈インタビ

ュー〉現代日本の精神」『世界』岩波書店、一九九〇年二月号、四五頁）

また、藤田は日本から批判能力が消えていった過程について歴史的に説明している。敗戦後、自由が回復され、一度は戦争に対する反省に基づいた批判的社会分析の知的蓄積も現れたが、反省する側がどんどん少数になり、「安楽への全体主義」が日本社会を覆い、高度成長花盛りと会社主義になったというわけである。

批判の欠如と停滞

藤田がこのインタビューを発表したのは、バブル絶頂期の九〇年である。その後、経済の停滞が続き、生活基盤は脅かされ、もはや物的な意味での安楽への全体主義は過去の話となった感がある。しかし、藤田が言った見せかけの安定を脅す要因から目を背けるという態度は、むしろ亢進している。システムの行き詰まりを見据えて反省・批判するのではなく、反省・批判の作用自体を冷笑する議論が広がっている。現状に対して、いかに批判の作業を再建するかは、本書の最後で論じることにしたい。

私がこの本で試みたいのは、藤田の言う、反省する知性が少数派になった過程、高度成長謳歌の時流に政策立案者や学者が巻き込まれていった過程を検証する作業である。

話は藤田が言うほど単純ではない。日本が世界第二位の経済大国にのし上がり、富を蓄積していたときに、方向転換を求める議論を行った官僚や研究者は存在していた。この半世紀間におけるオルタナティブの探索の歴史を顧みることが、以下この本で取り組む作業である。進化の過程で淘汰《とうた》された生き物を探し出すことに意味がないと言われるかもしれない。しかし、ナルシシズム全盛の時代の中でオルタナティブを求めた知性の存在を確認することは、現在という時代にオルタナティブを構想するためにも必要なことなのである。

第二章　高度成長終了後のもう一つの道

1　失われた時代の起点

高度成長の終焉

本書は、現在までの「失われた五〇年」を検証することをテーマとしている。日本にとってての失われた時代の源である、一九八〇年代のバブル経済を生んだ政策について考えなければならない。その作業は、必然的に、第二次世界大戦後の高度成長が終わったとされた時期に、次の時代をどのように構想したか、それらの提案の中でどのような道を日本の政策決定者、さらには日本人が選んだのかを検証することを必要とする。

そこで、本章では石油危機で高度成長が終わった一九七〇年代中ごろからバブル経済前までの一〇年間の政策論議を検討する。七三年の石油危機によって、およそ二〇年続いた高度成長が終わり、次なる政策目標を模索する動きが始まった。一つの基調は、経済の量的拡大に代わる質的充実を求めるという意識であった。欧米先進国へのキャッチアップが一応達成されたという状況の中で、人間の働き方・学び方を改め、生きがいを感じられる社会をつくるという問題意識が広まった。

公害問題の深刻化、石油危機後のインフレの中で企業が便乗値上げを図ったことへの反発から、企業、さらには利益追求を原動力とする市場経済への疑問が広がった。また、この時代は最後の保革対立の時代でもあった。大都市を中心に革新政党が支える革新自治体が多数存在し、一九七二年の衆議院選挙では都市部を中心に共産党が躍進した。他方で、不況が深刻化する中で、資源小国の日本が生き残るためには経済の効率化を進めるしかないという企業側の巻き返しも始まった。ハーヴァード大学のエズラ・ヴォーゲルが、*Japan as Number One: Lessons for America* (Harvard University Press) を著したのは一九七九年五月であった（翻訳版『ジャパン・アズ・ナンバーワン――アメリカへの教訓』〈TBSブリタニカ〉は、その一カ月後に出版された）。いわゆる終身雇用制をはじめとする日本の経済システム、さらには経済政策の有効性について、アメリカから高く評価する議論が現れたことで、経営者は自信を深めた。

戦後日本におけるリスク処理の仕組み

ここで以後の議論の前提として、日本におけるリスク処理の仕組みの特徴について説明しておきたい。人間は生まれてから死ぬまで、様々なリスク（災難、試練）に遭遇する。

それを個人で引き受けるか、社会全体として処理するかは政治の大きな対立軸である。図2はリスク処理のいくつかのパターンを説明する。西欧福祉国家では、リスクに対処する社会的制度が整備されている。疾病、加齢などのリスクに対して普遍主義的で公平な公的保険や政府の支出による対処が行われる。アメリカは自己責任の国で、医療にせよ、老後の備えにせよ、リスクへの対処は個人が行う。いずれにせよ、欧米では市民社会の伝統があり、社会に対する政府の関与はルールに基づいて行われる。

日本ではパターナリズム（慈恵的権威主義）によるリスクの社会化が行われた。民間部門で働く人々およびその家族に対しては、企業における長期安定雇用が生活の安定を保障した。安定の半面、画一主義、残業、転勤に見られる没我的献身の強制という権威主義が存在した。公共部門においては、農家、中小企業などに対して裁量的政策による保護が行われた。地方で雇用を維持するための公共事業補助金、農業や中小企業に対する補助金や税制優遇、行政指導がその代表である。

裁量的政策もパターナリズムを強化した。裁量的政策によって利益を得ることについて、受け取る側と、権限、財源を握る官僚および政治家との間に、恩に着る・着せる関係が成立するからである。公共事業や補助金をもらう場合、原資は税金なのだから、もらう側は

図２　リスク処理の仕組み

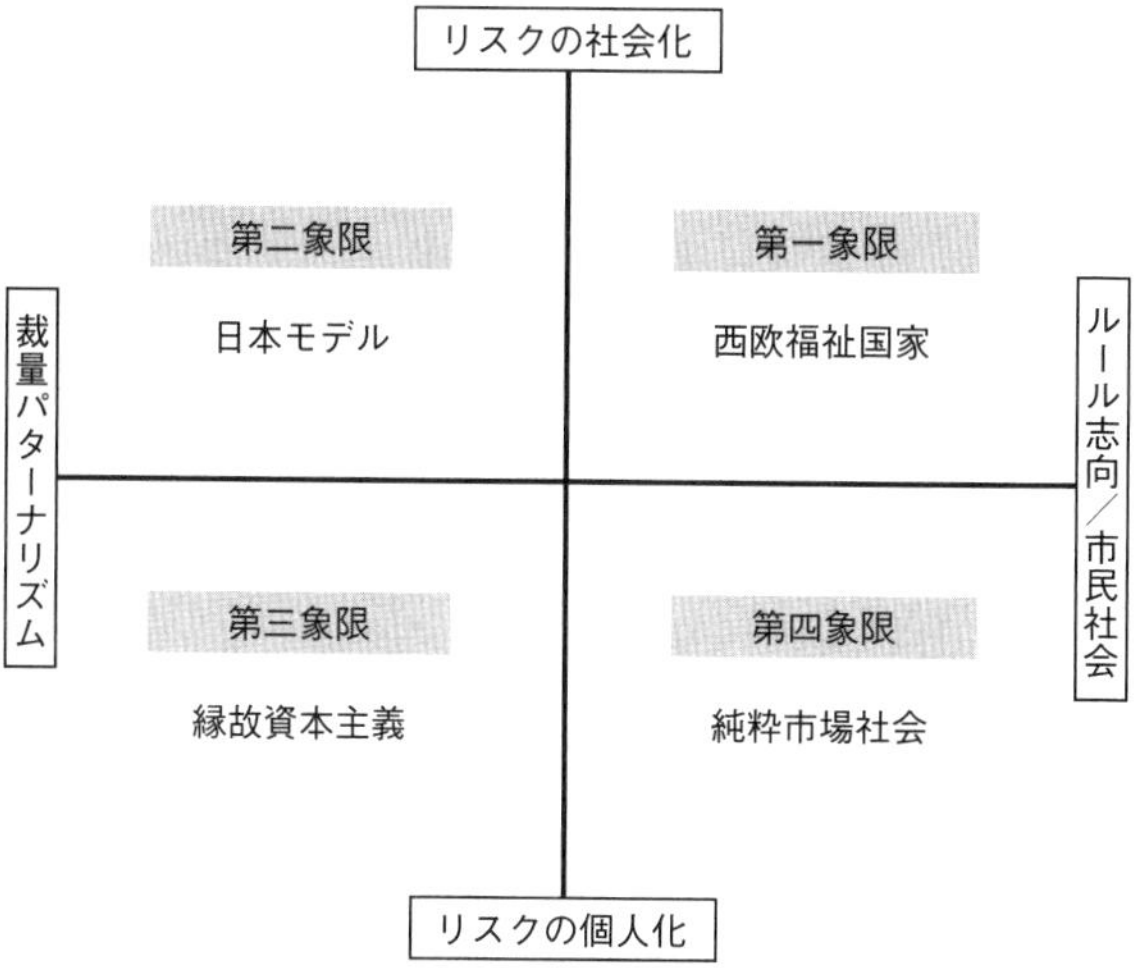

卑屈になる必要はないはずだが、裁量によって「あなたの地域」「あなたの業界」が補助金をもらえば、そのような決定を下した政治家や官僚に対して有難みを感じるのが人情というものである。自民党の政治家はそこをうまく利用してきた。

　こうしたリスク処理の仕組みは、高度成長時代には順調に機能し、また自民党の長期政権の中で精緻化した。七〇年代後半から八〇年代にかけて、高度成長の終わり、欧米先進国へのキャッチアップの達成という新たな状況の中で、これらの仕組みをどう刷新するかが問われていたのである。

2　日本的新自由主義の経典としての『日本の自殺』

福祉国家の日本的曲解

福祉拡大の潮流に歯止めをかけ、自己責任型社会への道を開いたのは、「グループ一九八四年」という匿名筆者による「日本の自殺」という論考である。これは『文藝春秋』一九七五年二月号に掲載された（翌七六年一二月、PHP研究所から単行本として刊行）。このグループは同誌で共産党批判を展開しており、革新勢力の台頭を止めるための言論戦の尖兵《せんぺい》とも言うべき存在であった。「日本の自殺」を執筆したのは香山《こうやま》健一（社会学者、当時学習院大学教授）であった。のちに第二次臨時行政調査会（第二臨調）の会長となる土光《どこう》敏夫はこの論考に感銘を受け、コピーを各方面に配布した。その意味で、八〇年代の行政改革の思想的基調を規定したのがこの論考である。

この論文は、ローマ帝国末期と現代日本を重ね合わせ、日本が文明の崩壊という危機に瀕していると警鐘を発するものである。高度成長が終わり、石油危機で狼狽《ろうばい》する日本で末期のローマ帝国と同様のことが起こり得ると香山は言う。そして、日本を衰弱させているのは、エゴイズム、悪平等主義、活力なき福祉、怠慢、画一的な全体主義だと主張する。欲望の肥大化や享楽にふける態度は、経済成長に必然的に随伴する普遍的現象である。その辺の事情は、例えばダニエル・ベルが『資本主義の文化的矛盾』（邦訳、講談社学術文庫、一九七六年）で論じている。しかし、香山は、こうした病理をもたらしたのは戦後民主主義の思想や文化であり、六〇年代後半から地方政府レベルで権力を握った革新勢力であると述べる。香山はローマ滅亡の大きな要因として、首都ローマが巨大都市となり、生産に従事しない人間が集まり、パンとサーカスを要求することで財政悪化、文化の退廃をもたらしたことを挙げる。それがまさに革新自治体である東京、横浜、京都、大阪で起こっているというのがこの主張の含意だった。革新自治体の看板政策は福祉と公害対策であり、それは生産よりも分配の平等、企業活動に対する規制を意味していた。石油危機によって高度成長が終わった当時、日本が生きていくためには企業が富を生み出す力を回復することが不可欠であり、香山にとってそうした革新勢力の政策が桎梏と映ったことは、明らかである。

革新勢力を支持する市民が増加したことは、戦後教育と進歩的メディアのせいだと主張する点も、この論稿の特徴である。すなわち戦後教育は、すべての子どもが無限の可能性を秘めているというユートピア主義に基づき平等を追求した結果、画一主義に陥り、とりわけ優秀な人間が自由に活躍する可能性を抑圧した。ゆえに国を引っ張るエリートが育たない。進歩的メディアは平和や民主主義の建前を振りかざし、教育におけるユートピア主義と同調した。また、進歩と反動、庶民と大企業といったステレオタイプをまき散らし、人々の社会認識をゆがめた。それがまた、六〇年代後半からの革新勢力の台頭をもたらした。日本を滅亡の淵から救うための方策としては、人々が欲望追求を自制すること、国際的にせよ、国内的にせよ、国民が自らのことは自らの力で解決するという自立の精神と気概を持つこと、エリートを育てること、年長者が権威を回復することなどが挙げられている。

政府に甘えたのは誰か？

しかし、香山が展開した福祉国家批判、さらに戦後民主主義批判は粗雑なものである。香山が言うパンとサーカスを求める大衆とは、具体的に誰のことか。退職した高齢者が社会保障や社会福祉によって生活していくことは当然である。当時は国民皆年金制度が確立してから一五年程度しか経っておらず、公的年金制度の適用を受けない高齢者が次々と出現していた。そうした高齢者に対して過渡的な措置として無拠出の福祉年金による救済が図られた。これは福祉の濫用とは言えない。

では、現役世代はどうか。アメリカでレーガン政権が福祉の見直しを進めたとき、公的扶助を不正受給して働かずに暮らす福祉女王（welfare queen）がやり玉に挙げられた。しかし、日本ではそうした問題はほとんど存在しなかった。生活保護制度について、受給の際の審査は厳格であり、生活保護基準以下の所得しかない者の中で実際に保護を受ける割合は常に低く、七〇年代半ば、石油危機による不況の中でも、二〇％強であった（国立社会保障・人口問題研究所のデータ）。福祉政治の専門家である宮本太郎が指摘するように日本における生活保障の基本は、安定的な雇用確保にあった。

七〇年代半ばの完全失業率は二％前後で（労働政策研究・研修機構のデータ）、経営者は安易な首切りをせず、人々は働きながら不況を耐え忍んだことがわかる。これは石油危機後の不況の中で、日本的雇用慣行の美点が最も発揮されたと言うこともできる。石油危機以後世界的な不況が続く中、欧米先進国は財政赤字の拡大とインフレに悩み、「先進国病」という言葉が流布した。香山は欧米の福祉についてのステレオタイプを日本に持ち込んで、日本でまだ成立していない福祉国家を批判したのである。

戦後民主主義と戦後教育によって権利意識が肥大化し、政府に過度な要求をするというおなじみの批判についても、保守的論者のご都合主義が存在する。高度成長に伴って税収も増え、政府の活動範囲は拡大した。自民党は農村部に公共事業費や農業関係の補助金を投入し、建設業を地方の主要な産業に成長させた。また、都市部でも中小企業に対する無利子融資の創設など、優遇策を展開した。都市部の中小企業に対して、共産党系の民主商工会という団体が、税金対策を看板に組織化を進めていた。自民党の支持基盤である中小企業をつなぎ止めるために、自民党政権は支援策を急展開した。それらは自民党政治家の支持基盤の強化をもたらした。こうした利益誘導を受ける側の農家や中小企業経営者にこそ、政府にたかるという批判は当てはまるはずである。しかし、自民党支持者の利益要求の主張には全く言及がない。その点で、香山の主張は党派的なものである。

とはいえ、政策言説に影響を与えるのは、事実に基づく学問的な主張よりも、ステレオタイプに基づく扇動的な議論である。香山の議論は、石油危機後の日本経済に関する危機感を利用し、福祉国家の拡大を予防したという効果を持ったのである。

小さな政府は女性の犠牲に依存していた

もう一つ指摘しておきたいのは、香山は戦後日本の経済成長を支えた家族システムを正当化したことである。戦後経済を担ったのは会社人間であったが、会社人間を支えたのは性別分業に基づく家族システムであった。戦後日本では、男性が長時間労働で所得を増やし、女性は子どもや高齢者のケアをもっぱら受け持つという分業が自明のものとされていた。先の『日本の自殺』に次のような文章がある。

インスタント食品、既製服などの便利さの代償として、家族のために心を込めて食事を作り、セーターを編む喜びを忘れた主婦たちがいかに多いことか。（『日本の自殺』PHP研究所、五〇頁）

日本が女子差別撤廃条約を批准したのが八五年で、男女共同参画が政策課題に上ったのは八〇年代後半以降だったので、七〇年代中ごろは香山のような認識が世の中の多数意見だったと言えるのだろう。それにしても、女性が経済・社会で男性と同様の役割を担うためには、女性が家庭で担っていた育児や介護を社会化する必要がある。それゆえ、男女共同参画を進めるためにはケアを提供する公共サービスを拡大することが不可欠である。しかし、旧来の性別分業を当然とする主張が行政改革の基本理念となったことは、八〇年代以降、男女共同参画のための社会的制度基盤を整備することを遅らせた。また、女性の教育水準の向上、労働力不足の中で女性の就労率を上昇させる必要が高まるなどの社会経済構造の変化を見通していなかったという点で、香山＝第二臨調路線は、戦後日本の社会経済システムを温存し、そこに自己責任原理を上乗せすることを目指していた。

3　ポスト高度成長とライフサイクル計画

体制内進歩派の存在

「グループ一九八四年」の活動とほぼ時を同じくして、全く異なる未来構想の検討作業が進んでいた。それがライフサイクル計画である。田中角栄が金脈事件で失脚した後、一九七四年一二月に首相に就任した三木武夫は、「ライフサイクル計画」の構想を打ち出した。これを具体化するために経済企画庁（当時）に研究会が設置され、村上泰亮《やすすけ》、蠟山昌一《ろうやましょういち》、正村公宏《まさむらきみひろ》などの経済学者が集められた。その研究成果は、『生涯設計計画《ライフサイクル》』（日本経済新聞社、一九七五年）として公刊された。

ライフサイクル計画とは、出生から死に至るまで人生のそれぞれの段階で充実した生を送れるような社会環境を整備するというビジョンである。この研究会も、石油危機による高度成長の終わりを受け、キャッチアップを達成した後の新たな政策目標を規定するという関心から出発する。このビジョンをつくるのは、国民の危機感をテコに一層の自助努力に駆り立てるためではなく、国民の不安を鎮める将来展望を示すためである。高度成長が終わった当時、様々な世代が異なった不安を持っているとされた。青年は就職と自立に関する漠然とした不安、現役世代は住宅取得に関する不安、壮年から老年世代は退職後の生活に関する不安を持つ。それらを解消するのが広い意味での福祉である。同書は福祉の役割について次のように述べている。

生涯〈ライフサイクル〉のあらゆる段階において、経済的・社会的な不安を除くための十分な体系的保障を与え、それによって一人一人の自助の営みを容易にすることである。(『生涯設計計画』v頁)

人間が自分の選択で能力を発揮して生きていくためには、衣食住をはじめ教育や医療など様々な前提条件が必要であり、それらを整備することは自己責任を超えた巨大な課題である。政府がそうした土台を平等に提供したうえで、個人が自由で多様な生き方を追求するという社会モデルが打ち出されている。この考え方は、香山健一の福祉批判とは対極にあるとともに、従来の福祉に対する反省をもとに九〇年代に西欧で現れた福祉国家の現代化の構想を先取りするものと言うことができる。

学び方、働き方についても未来を先取りする提案が行われている。生涯教育と組み合わせて仕事の移動を容易にすること、女性の職業機会を増やし、育児休業制度によって仕事の継続を容易にすることが提起されていることが注目される。

市民社会と政府、企業の役割

この計画は、ライフサイクルの各段階で人間が遭遇する様々なリスクに対処する際に、個人、企業、政府がどのような役割分担を組み立てるかという問いにも取り組んでいる。強い個人を単位とする市民社会の構築が日本でも必要であると指摘する一方、欧米モデルの模倣はできないとも述べる。そして、日本的イエ原理の応用形である企業が生活基盤を確保する役割を継続することも期待されている。私の図式に当てはめれば、リスクの社会化の主体として企業部門と公共部門の分担関係を整理するという問題意識があったということになる。
また、日本の政府はパターナリズムを色濃く残しているが、官尊民卑、中央集権などの悪弊が続いていた。これについて、注目すべき提言がある。

「生涯設計〈ライフサイクル〉」計画で提案されている政策の多くは、一定の客観的条件さえ満足していれば、誰に対しても形の上で平等に適用される制度の運用という形態をとっている。そこでは、行政による裁量の余地は当然のことながら狭められている。（中略）新しい制度は、誰の目からみても容易に識別できる客観的条件に応じて、国民と企業に一定の義務を課し、またあるいは、ひとびとが欲するならば、その便益を利用できるようなものとなっている。（前掲書、一一九頁）

私は二〇〇〇年代の小泉構造改革に対して、普遍的政策によるリスクの社会化を説いたのだが、それより二五年前に、パターナリズムを排してリスクの社会化の仕組みを整備するという構想を示していたことに驚く。ライフサイクル計画研究会の議論は、「昭和五〇年代前期経済計画」（一九七六年五月一四日閣議決定）に反映された。その中では福祉社会の着実な整備が提起された。また、一九七七年八月には研究会のメンバーが「総合社会政策を求めて――福祉社会への論理」（大蔵省印刷局より刊行）という報告書を出している。これは、会社員、公務員、自営業、主婦など職業、立場によってバラバラになっている日本の社会保障システムを統合し、国民全体にとって公平なリスク処理のシステムを構築することを説いていた。三木政権時代に構想論議を主導した学者は、西欧型の公的制度によるリスク処理と、日本における企業、家族という共同体によるリスク処理のベストミックスを模索するという問題意識を持っていた。

近代的個人というモデル

さらに、国民生活審議会長期展望小委員会は、一九七九年一月に、「21世紀の国民生活像・・人間味あふれる社会へ」（同年三月、大蔵省印刷局より刊行）という報告書を発表している。その中で、日本における福祉論議のいびつさの原因を、「封建時代以来、我が国では家父長的温情主義が社会を支配してきたが、こういった考え方は、今なお人々の意識に根強く生きており、福祉についてもその例外ではなく、欧米流の福祉を支えている権利義務意識は薄い」と分析している。そして、次の政策目標として高次の福祉の実現を挙げている。それは、「援助を必要とする一部の人々だけでなく、全国民を包含する福祉の改善を目的とすることであり、所得だけでなく、住宅や居住環境等の不平等を是正しつつ、我が国独特の風土、伝統、国民性を踏まえた快適な質の高い国民生活を実現する」こととされた。

この時期には、ポスト高度成長期の日本の針路について、同じく西洋先進国へのキャッチアップを果たしたという時代認識に立ちながら、香山のように反進歩・反革新の政治的ばねを働かせて日本的なものへの再評価に向かうというベクトルと、ライフサイクル計画のように西洋近代の原理を踏まえつつ日本独自のモデルを創出するというベクトルが交錯していたと言うことができる。

4　大平研究会から第二臨調へ

大平首相の文明論

先駆的な問題意識にもかかわらず、ライフサイクル計画は実際の政治に生かされることはなかった。三木政権時代の最大の政治問題はロッキード事件の解明であり、政策論議を深められる環境ではなかった。一九七八年一二月に首相に就任した大平正芳《まさよし》は本格政権をつくって重要な政策転換を進める意図を持っていた。政策転換の基本に文明論を据えようとした点は、文人政治家大平の真骨頂であった。そのために、ライフサイクル計画研究会のメンバーの一部も引き継いで、より大規模な政策研究会を組織した。

大平は一九七九年一〇月、増税をテーマに衆議院総選挙を戦ったが、大敗した。敗北の理由は増税への反発だったが、それをもたらしたのは選挙直前に日本鉄道建設公団（当時）をはじめとする多くの官公庁で、カラ出張など不正経理が摘発された事件であった。選挙の敗北は自民党内の権力闘争を一層熾烈《しれつ》にし、衆院選の後四〇日間にわたって、首班指名をめぐって大平と福田赳夫《たけお》の権力抗争が繰り広げられた。この争いには大平が勝利したものの、翌八〇年五月には自民党反主流派が採決を欠席したことにより野党が提出した内閣不信任案が可決された。大平は直ちに衆議院を解散し、史上初の衆参同日選挙が行われることになったが、選挙戦のさなかに病死した。

大平の急死によって権力闘争は収束し、衆参同日選挙で自民党が大勝したことを受けて、政治は懸案処理の平常運転に戻った。大平の後を受け継いだ鈴木善幸《ぜんこう》は、一般消費税構想が総選挙で拒絶されたことを受けて、増税なき財政再建を掲げた。第二臨調を設置して、行政改革に取り組むことを政権のミッションとしたのである。鈴木の後を継いだ中曽根康弘は、行政改革を最大課題と打ち出すことによって世論の支持を集め、長期政権を築いた。

土光臨調と日本的新自由主義の始まり

すでに紹介したとおり、第二臨調の会長を務めた土光敏夫は香山の論稿に大きな影響を受けており、八〇年代以後の政策の基調は香山が打ち出した小さな政府論となった。ここでその過程について振り返っておきたい。

大平時代の政策研究会のメンバーには、臨調や中曽根政権の政策構想に公式・非公式にかかわった者も多い。しかし、新たな文明論の創造という当初の意欲はしぼみ、改革はもっぱら財政支出の抑制と民営化、規制緩和による経済活性化に収斂《しゅうれん》していった。

第二臨調の行政改革は二段階の政策転換で構成されていた。第一段階は、増税なき財政再建を実行するための歳出抑制であった。臨調は八一年七月に第一次答申を提出した。これは翌年度の予算編成の基本方針であり、その内容は七〇年代後半に大蔵省（当時）の諮問機関、財政制度審議会（財政審）の建議とほぼ同じであった。財政審では日経連会長（当時）の桜田武が議論を主導しており、第二臨調というより強い権威を持った機関が、大蔵省と財界が追求してきた歳出削減を実現したと言うことができる。

　第二段階は民営化と規制緩和であった。大規模な公共投資や業界への補助金によって利益を追求するという手法がなくなったわけではないが、それが頭打ちになるという時代認識の下で、政府が金を使わずに財界に利益誘導を行う手法として、この二つは注目された。特に重要な課題は、国鉄、電電公社、専売公社の民営化であった。特に国鉄については、赤字補塡《ほてん》のための財政支出を止めることは大蔵省の悲願であった。同時に、国鉄の持つ巨大な資産を売却することと都市開発などでビジネスチャンスを広げることが期待されていた。併せて、都市再開発、高層建築に関する規制緩和も行革の課題とされた。

　ポスト高度成長時代の社会モデルをめぐる議論についても、臨調行革は結論を出した。生活を襲うリスクについて、公的システムによるカバーと自助努力を組み合わせるのではなく、家族さらには擬似的イエとしての企業にリスク対処を求めることが政策の基本的発想となり、日本型福祉社会という言葉が人口に膾炙《かいしゃ》するようになった。

「行政への甘えを捨てる」ことが行革のスローガンとなったが、実際には国民のほとんど、特に都市生活者は政府の世話にはなっていなかった。当時の日本は、急速な高齢化の入り口に立っていた。そのタイミングで、臨調行革はリスクを社会化するための仕組みを検討するという議論を封じ込めた。

もう一つ重要な変化を指摘しなければならない。臨調行革は雇用の規制緩和を直接提起したわけではないが、その規制緩和路線の延長線上で、八〇年代後半から雇用の規制緩和が始まった。

一九八五年六月、労働者派遣法が成立し、非正規雇用の拡大の制度的根拠ができた。臨調行革は家庭と企業からなる日本的システムによってリスクに対処することを求めたが、他方で長期安定雇用を切り崩す突破口を開いた。そうなると、個人はまさに自力でリスクに対処しなければならなくなる。経済成長が止まり、企業が雇用調整を進めるようになれば、個人の生活の土台は一気に脆弱《ぜいじゃく》になることが予期されていたと言うことができる。

5　オルタナティブの可能性

公共的なものの必要性

ライフサイクル計画や福祉社会構想に携わった学者の一部は、臨調行革への反論を公表していた。例えば、ケインズ主義経済学者の内田忠夫は、住宅、下水道、公園、公共交通機関など生活基盤としての社会資本はまだ十分ではないので、着実な投資が必要だと主張した。ジャーナリストで経済学者の安原和雄は、低賃金、長時間労働でひたすら企業収益を増やす日本的システム（＝先進国病の否定）を打破し、個人が豊かさを実感できる社会をつくるために、あえて「日本病」を勧めている。

社会システムのモデルとして、日本的なものの自画自賛に対しては、経済学者の正村公宏が次のように適切に批判していた。

日本的経営が、（中略）市民的な意識や行動を育てるという側面においては、むしろ阻害要因として作用しつづけてきたように思われるということです。労働時間の長さや住宅・生活環境・社会資本の貧しさに代表される日本の経済と社会の不均衡は、その意味では、日本的経営の「行き過ぎた成功」の反映とみることもできるのです。

（『実践ゼミナール　日本経済』東洋経済新報社、一九八七年、三二四頁）

人間が自分の力では対処できないリスクを処理することが公共政策の目的である。臨調行革に批判的な学者は、公共領域が狭く、貧しいことこそ、日本人の生活満足度が低い理由であると考えていた。公共政策のあり方を決めるのが民主主義を通した政治参加である。小さな政府と自己責任を国民に押しつけることは、政治参加を断念させる結果を招く。小さな政府が正義となれば、政治参加は、権力者が設定した改革の敵をたたく戦いに拍手喝采することにとどまる。一九八六年の衆参同日選挙はその最初の実験であった。行革に反対する公共セクターの労働組合が敵とされ、中曽根は大勝を収めた。このパターンはその後も再現されることとなる。

時代に背を向けた社会党

本章の最後では、他の民主主義国における普通の左派政党が戦後日本に不在だったことについても振り返っておかなければならない。西欧の常識に従えば、議会制民主主義と市場経済を前提としながら分配の公平を主張するのは左派である。そのような左派が日本には希薄であった。オルタナティブが政治の世界で論争のテーマにならなかったのは、当時の野党の責任である。一九七九年の統一地方選挙で美濃部《みのべ》亮吉東京都知事が退任したことに象徴されるように、七〇年代末から革新自治体は衰退し、これに代わって自民、公明、民社（当時）の協力による地方政権が増えた。中央政界では、野党第一党の日本社会党

（当時）で連合政権構想をめぐる論争があり、有効な政権ビジョンは出てこなかった。八〇年代の社会党内部では、マルクス・レーニン主義を信奉する社会主義協会（以下、協会）が依然として影響力を持っており、綱領的文書「日本における社会主義への道」の改定をめぐる論争が行われていた。

社会党は長年労組依存体質を批判されてきた。この党にとって、協会が唯一の自前の組織であった。協会派は機関紙局を支配し、『社会新報』でプロパガンダを行い、その拡大を通して、労働組合の若手活動家を組織していった。六〇年代以降の高度成長の中で国民の生活水準が向上し、政治的な現状肯定感覚が広がっていたにもかかわらず、協会は戦闘的なマルクス・レーニン主義の旗を降ろさなかった。

戦後の左翼では、社会党と日本共産党が社会主義理論の担い手としての正統争いをしてきた。共産党がソ連（当時）、中国との対決姿勢を強め、ある意味のナショナリズムを帯びることとなったのに対し、協会は日本におけるソ連共産党の窓口という点で正統性を主張した。

もともと社会党には西欧流の社会民主主義を志向する勢力も存在したが、一九六〇年に西尾末広《すえひろ》が民主社会党（のちの民社党）を結成したことで、社会党における左派優位は強固になった。そして、高度成長の時流に背を向けるように、一九六四年に「日本における社会主義への道」（略称、「道」）という綱領的文書を作成した。この文書は、ジャーナリストの石川真澄《ますみ》の言葉を借りれば、「体制内」――「道」の表現では、「ブルジョアジーの支配の枠を超えない」――政党であることを拒むことを内外に宣言していた。

遅すぎた社会党の転換

他方で、野党第一党として社会党は政府が進める政策について国会審議で検証、批判を加え、それなりの対案も検討していた。官庁エコノミストやそれに近い学者がポスト高度成長の社会ビジョンを検討していた七〇年代末から八〇年代にかけて、社会党も「中期社会経済政策」を策定した。これは市場経済を前提としたうえで、そのひずみを是正することを目指す政策集であった。

この原稿を書くにあたって、当時の社会党政策審議会のスタッフを務めていた人々にインタビューをした。それによれば、伊東光晴、宮崎義一、田中直毅《なおき》、正村公宏などの学者がその検討作業に協力した。ライフサイクル計画に携わった学者の中には社会党にも提言した者がいたわけである。また、経済企画庁（当時）の宮崎勇（のちの経済企画事務次官）も社会党政策審議会との討論をしばしば行っていた。

また、社会党は第二臨調による行革の具体化についても、原則的な反対論だけを主張していたわけではなかった。電電公社の民営化については、労働組合や学者と協力し、対案を準備して、法案の修正を勝ち取った。この点は、国鉄分割民営化と対照的であった。電電公社の労組、全電通（全国電気通信労働組合、現NTT労働組合）は比較的穏健であり、のちの連合（日本労働組合総連合会）の結成、さらには政権交代の担い手となる野党の育成に重要な役割を演じた。国鉄の最大労組、国労（国鉄労働組合）は急進的な社会主義イデオロギーを掲げ、当局と闘争を続けた。社会党は国鉄改革について経営の一体性を維持したうえでの民営化という妥協で合意の手前まで行ったが、国労がそれを受け入れず、結局国労は自滅の道をたどった。

社会党自身、政権を担える社会民主主義政党になるまで長い時間を要した。内輪の政策論では現実的な議論をしていても、マルクス・レーニン主義の呪縛は強く、綱領レベルの転換は難しかった。社会党にある意味の期待をかけて提言をした学者も、それが生かされないので次第に遠ざかっていった。

政権交代を追求するなら、「道」のような時代錯誤的なイデオロギーを捨てなければならなかった。しかし、社会党が西欧社会民主主義を取り入れた「新宣言」をまとめたのは、一九八六年一月の党大会においてであった。これは遅すぎた転換であった。同年七月の衆参同日選挙で中曽根自民党が大勝したことで、社会党の路線転換をめぐる議論が深まることはなかった。

経済成長を制御しながら豊かな社会をつくるという問題意識は、六〇年代初頭に江田三郎（当時書記長）が提起した「構造改革論」の基調だった。左派の反発で江田ビジョンが否定され、江田の構想が実質的に日の目を見るまで二五年かかった。六〇年安保の大規模な大衆運動は、自民党に穏健化を促したとともに、社会党左派には中身のない革命待望を残したということになる。そのことは、福祉国家を充実させるという課題の実現を遠ざけた。また、改革という言葉がもっぱら小さな政府への政策転換を意味するようになったことの遠因もここにある。

第三章　バブルの絶頂から見た未来像

本章では、一九八〇年代末から九〇年代初め、つまりバブル経済のさなかにおける政策論議を振り返る。バブル経済が終わったのは一九九二年とされているので、あの時代を大人として経験した人は五〇代以上となった。ひと世代の時間の経過は大きな変化をもたらした。今の壮年世代以下の人々においては、停滞と先細りが未来像に関する自明の前提となっている。

バブル経済は、一九八〇年代後半、プラザ合意（一九八五年）以後の急速な円高による不況に対応して、金融緩和が行われ、それが土地と株に対する投機を誘発したことで発生した現象である。第二臨調による規制緩和、民活路線も、都市開発を促進した。その結果、八〇年代に地価と株価が高騰した。これは資産効果をもたらし、消費、それもソースタイン・ヴェブレンの言う「衒示《げんじ》的消費（贅沢をひけらかすためのこれ見よがしの消費）」が活発となった。

繁栄と享楽が頂点に達したイメージのあるバブル時代は、日本の針路を転換する最後のチャンスだったのかもしれない。地価と株価が高騰し、空前の豊かさを実現したはずの日本だったが、経済のひずみも同時に実感された。地価の高騰はサラリーマンの住宅取得を困難にした。日本国内の物価は高く、人々は海外旅行の際の買い物で日本の経済力を実感するだけだった。統計数字に表れた富の蓄積と、人々の生活実感における豊かさの欠如の乖離《かいり》が論壇の主要テーマとなった。

こうしたひずみを直視し、日本の立て直しを求める議論が八〇年代末から始まった。生活者という言葉が政治や政策を論じる際に頻繁に使われるようになったのはこのころである。

1　大前研一と自由市場の教説

見えない税金という重荷

最初に取り上げるのは、大前研一《おおまえけんいち》である。大前は一九八〇年代後半から多くの著書、論文を発表し、まさに一世を風靡《ふうび》した。大前の打ち出した生活者重視の政策は、九〇年代前半の政党再編成にも大きな影響を与えた。

バブル期の日本で、人々（大前の議論の中ではサラリーマン）が豊かさを実感できない理由は、日本の社会経済システムを維持するために国民が「見えない税金」を負担させられている点にあると大前は主張した。中曽根政権末期、売上税（現在の消費税）の導入をめぐって政治が紛糾していたとき、大前は「『見えない税金』に怒れ」(『文藝春秋』一九八七年四月号)を発表した。その中で、生活の貧しさの原因を次のように分析している。

日本という国に住んで「人並みの」生活をしようと思ったとたん、非常に高い「税金」を支払わなければならなくなるということである。「税金」とカギカッコでくくったのは、誰もそれを税金と認識していないからで、すなわち、光熱費、教育費、自家用車購入および維持費、住宅費、食費などをさす。(一〇二頁)

そして、日本人は収入の約七割をこれらの費目に支出しているとする。高コストをもたらしているのは、電力業界や農業に対する保護のための規制、自動車やガソリンにかかる税金、高い地価、公教育の貧弱さなど政策の失敗だというのが大前の主張であった。九一年の堺屋《さかいや》太一との対談では、生活の貧しさと政治構造の関係についてより踏み込んだ分析を提示している。

いつの間にか消費者が財源に使われるようになってしまったということなんです。

行政の目的を達成するため、あるいは少数利益集団の、つまり供給者の利益を維持するために、消費者あるいは生活者が財源を負担させられ、経済大国といわれながら、豊かさに到達できないくらいの重しをいっぱいつけられている。（堺屋太一・大前研一「官僚国家・日本の運命　国民は『財源』にされている」『文藝春秋』一九九一年一〇月号、九七頁）

見えない税金とは、規制に伴って生じる余分な手続きや価格の高止まりのために消費者が支払う超過負担（公共経済学でいうレント）である。日本では、官僚と族議員がそのようなレントの制度化を進め、人々は知らず知らずのうちに余分な金を払わされているというわけである。政府が増税を正面から掲げれば、メディアも野党も大騒ぎする。しかし、見えない税金を創設する政策は昔から続いてきたものが多く、政治争点になりにくい。そのからくりを明らかにした点は、大前の功績である。

生活者の政治という新概念

日本人の豊かさを妨げているのが官僚と自民党の政治家である以上、経済システムの転換は政治の変革なしにはあり得ない。そこで、大前は政党再編を提案する。

いまとは異質な生活者、あるいは消費者といってもいい、その立場に立った党を作らなければならない。（中略）この党のイデオロギーは、基本的には小さな政府で、規制や行政指導などはなるべくしない。世界中から安くて良いものを自由に届ける。それでも国内産を、という人は自分の選択でそうするでしょう。政府による価値観の押し付けはなくなるのです。それから、地方分権をし、中央ですべて決めるということはしない。提供者よりは受益者の利益を優先する。そういうイデオロギーというのが今一番望まれているのです。（堺屋・大前、前掲対談、九九〜一〇一頁）

自民党は産業界や農業の利益を大事にし、社会党は労働組合を基盤とし、いずれも生産・供給側の利益を代表する。消費者の利益を代表する政党が日本に存在しないという大前の指摘は、強い政党支持を持たない無党派層市民の共感を得た。そして、九〇年代に登場した日本新党など、新党の政策路線にも大きな影響を与えた。

「大きな政府―小さな政府」をめぐる論争について、日本と欧米とでねじれがあることにここで注意しておきたい。欧米で大きな政府とは、「増税と支出増（tax and spend）」の路線であり、富裕層と企業から税金を集め、それを社会保障や教育などの支出を通して労働者、低所得層に還元する政策を意味する。ゆえに大きな政府は弱者の味方であり、反対に小さな政府は強者の味方である。アメリカでは、おおざっぱに言えば、民主党が前者、共和党が後者である。西欧では社会民主党や労働党が前者で、保守系の政党が後者である。大前は、日本において自民党と官僚が規制強化で大きな政府をつくり、それらと誼《よしみ》を通じる業界団体が利益をむさぼる点で、大きな政府が強者の味方であり、小さな政府こそが弱者と言わないまでも普通の生活者の味方となると主張している。日ごろ政府による政策の恩恵を感じる機会のない都市生活者にとって、この議論は被害者意識や欲求不満をくすぐるものであった。

大前自身、日本の租税負担率は極めて低いことを指摘し、老後の備えのために個人が貯蓄することも、見えない税金の一種に挙げているので、財政面で日本が大きな政府だと主張していたわけではない。大前は規制について大きな政府と称している。それは人員や資金の面での大きい政府というより、経済活動に干渉する重たい政府と言う方が正確だろう。しかし、一般的には大前の大きな政府批判は公務員の数や租税・社会保険料負担についても、大きな政府という事実に反するイメージをつくり出すことにつながったように思える。

この点は、事実に基づく正確な政策論議を困難にした。

また、大前は徹底して権威主義を否定し、自由で対等な人間関係を主張したので、リベラルな市民にとって受け入れやすかった。規制とは大前にとって政府が個人の消費行動を制約する権威主義的統制であった。加えて大前は、当時の若者の気質について、「儒教思想とか仏教思想とか神道とか先祖を敬うといったような価値観の植えつけられ方とは違っていますから、世の中が締め付け型の方に戻る可能性は皆無になってきている」（堺屋・大前、前掲対談、一〇六頁）と、戦後の自由主義、個人主義の文化を肯定している。その意味で、規制をめぐる闘いは、自民党や官僚の前近代性と市民の近代性の闘いでもあった。この点は、保守政治に批判的な市民層から支持を得る要因だったと思われる。

2　暉峻淑子の「豊かさ」批判

豊かさの裏側にある貧しさの発見

大前とは全く異なる観点から生活者という言葉を使って、日本経済のひずみを分析したのが暉《てる》峻《おか》淑《いつ》子《こ》（埼玉大学名誉教授）であった。暉峻は、一九八九年に『豊かさとは何か』

（岩波新書）を出版し、注目を集めた。奥付の著者紹介で、専攻は生活経済学と記されている。

暉峻は、日本人の貧しさの原因を、社会全体を支える公共的基盤の脆弱さに求める。

私たちの日常生活には、衣や食のように、市場で個人が私的に購入して消費する「個人消費」とよばれるものと、人びとが共同でおかねを出しあって使用したり、消費したりする「共同消費」（社会化された消費）とよばれるものとがある。（『豊かさとは何か』一九六頁）

共同消費すべき財や制度については、のちに宇沢弘文が社会的共通資本という概念で体系化した（『社会的共通資本』岩波新書、二〇〇〇年）。宇沢の整理を借りると、社会的共通資本とは、①大気、水、土壌などの自然環境、②道路、上下水道、公園などのハードなインフラストラクチャー、③公教育、国民皆年金、国民皆保険による医療などの社会制度の三種類がある。これらは人間が心身ともに豊かに生きるために、購買力ではなく、必要に応じて享受、利用することができ、それらを維持するための費用は租税や社会保険料によって賄《まかな》われる。ゆえに、貧富の差にかかわらず、すべての人間が平等に恩恵にあずかれる。

暉峻は、戦後日本の経済成長は企業部門に富を偏在させ、社会的共通資本が貧弱なまま放置されたことが、生活の貧しさをもたらしたと指摘している。成長優先で環境破壊が進み、多くの公害犠牲者が出た。生活苦の大きな原因である住宅難は、本来社会的共通資本である土地を単なる商品として扱い、投機の対象となることを放置してきた政府の無策の結果である。

小中学校では学級規模が大きく個別的な指導ができないうえ、上意下達型の詰め込み教育と受験競争が子どもの健やかな発達を妨げている。老後の備えを自助で進めるため貯蓄が必要で、それが現在の消費を圧迫していることは大前も暉峻もともに指摘している。

小さな政府が広げたひずみ

さらに、八〇年代前半の臨調行革が、ただでさえ貧弱な社会的共通資本をさらに劣化させたと暉峻は憤っている。

日本のように、強者の手もとに経済価値をためこむことが豊かさだ、と考えている社会では、人びとのよりどころとなる共同部分を充実させ、基本的人権を高め、人間らしい創造的で生きいきとした生活を保障しよう、という政策は出てこない。

その反対に、共同部分を削減して、私有部分をできるだけ拡大し（いわゆる規制緩和）、経済競争のもとに弱肉強食の社会ダーウィニズムを貫こうとする民活路線が盛んになる。（暉峻、前掲書、一九九頁）

臨調行革については、前章で説明した。要約すれば、七〇年代に福祉政策の拡大が始まったが、石油危機によって低成長時代に入り、西欧福祉国家が陥ったとされる先進国病を回避するために、社会保障費を中心とする歳出削減が行われた。

また、企業における富の蓄積を進めるために、石油危機を乗り越えるコストカットが行われ、人々は長時間労働によってそれに貢献した。こうして財界主導の行革が奏功したことで、八〇年代末に統計上の富の蓄積と生活実感の乖離が起きたというのが暉峻の分析である。

3　生活者とは誰か

生活における消費と労働

　同じく生活の貧しさという問題を分析しながら、大前と暉峻の議論は全く異なっている。その違いは、二人の論者が想定する生活者の具体的なイメージの違いに由来しているように思える。暉峻は、生活を働くことと消費することの両面から成ると考えており、消費生活は共同消費と個別消費の両面から成ると考えていた。そして、日本では、働くことが過剰で、消費を楽しむ余裕はなく、共同消費すべき財・サービスが脆弱であることが生活を貧しくしていると分析した。当時、すでに過労死という言葉が定着しており、年間二〇〇〇時間を超える長時間労働は、先進国の中では異例の長さだという問題意識が広がっていた。暉峻は、今の言葉でいう働き方改革が豊かさの実現に不可欠であることを強調した。これに対して、大前は、生産・供給と消費を対立概念と規定し、消費者を生活者と同一視している。そして、生産者優先の政治が生活者から豊かさを収奪し、生活を貧しくしていると分析した。大前の発想では、消費とは個人が分割可能な財・サービスを消費する行為であり、社会全体で公共財を共同で消費するという点への関心は希薄である。

大前が働くことにほとんど関心を向けていないことは、雇用の劣化が進む今日から振返ると、不思議でさえある。見えない税金が農業やサービス業で雇用を支えていたこと、つまりそれが低生産性部門で働く人の食い扶持《ぶち》を提供していたことを、次の引用のとおり、大前は厳しく批判した。

あの業界は可哀そうだから守ってやるべしとか、六十五歳の人のマル優（少額貯蓄の利子に対する非課税制度：引用者注）は廃止すべきでないとか、そうした細かなサジ加減で政治を行うのは、もうやめにしていただきたい。その上で倒れた弱者に対しては、生活補助なり社会福祉なりで救いの手をさしのべればいい。（『見えない税金』に怒れ」一〇七頁）

前章で、戦後日本におけるリスク処理の仕組みについての図式（図2、四五頁参照）を示した。そして、戦後日本では、自民党と官僚の連合軍が様々な分野で裁量的政策によるリスクの社会化の仕組みをつくったことを説明した。大前が批判する「サジ加減の政治」とはまさに裁量的政策を駆使する従来の政治である。それを打破するという点では、自由市場擁護の大前も社会民主主義の私も同じであろう。問題は、ルールに基づく公正な規制で弱者の保護や格差の是正を行うことができるかどうかである。大前はその可能性を否定していた。

大前は日本の高いタクシー料金も見えない税金の例に挙げ、規制緩和を説いている。これはのちに実現した。九〇年代後半に需給調整による規制が廃止され、免許制から許可制（一定の要件を満たした業者は営業許可を受けられる）に移行した。その結果、安い料金を売り物にする新規参入もあった。他方で、タクシー運転手の平均年収は、九一年の三八二万円から二〇〇五年に二七〇万円まで減少した。また、過労運転や事故も増加した（山越伸浩「需給調整規制撤廃で疲弊しつつあるタクシー事業を救えるか〜タクシー業務適正化特別措置法の一部を改正する法律案〜」『立法と調査』二六七号、二〇〇七年四月二〇日）。

タクシー運転手という職業で生計を立てられなくなるところまで規制緩和を行うことが、社会の利益と言えるのか。何であれ他人に必要とされる仕事に従事し、一定時間働けば、生活できるだけの賃金を得られるのが、品位ある（decent）社会である。倒れた弱者を社会福祉で救済するというのも、その種の福祉に対する政治的反発を考えれば、実施不可能な極論である。働くことは生活の糧を得るためだけでなく、自己が社会につながっていることを確認する行為でもある。大前の生活観から人間らしい働き方という要素が欠落していたことは、のちの規制緩和が労働破壊をもたらしたことを先取りしていたと言える。

働く場の確保という問題

この問題を突き詰めれば、公平、公正な政策とは何かという問いに行き着く。この点についても、大前は興味深い問題提起をしている。彼は、裁量的政策によって特権を振りまく自民党・官僚連合の政治は、「日本人を『損か得か』で判断し、『正しいか正しくないか』で判断しない国民にした」という点で、大きな罪悪を犯したと批判する（『見えない税金』に怒れ」一〇八頁）。

自民党が具現化した戦後民主主義は、与党の政治家を支援することの見返りで政策的利益を得るという交換のシステムだった。政治学者の京極純一はこれを「お供物―ご利益構造」と呼んだ。このシステムから疎外された都市生活者に政策的恩恵を回すことは、当面「正しい」政策となるだろう。大前流の正しい政策の追求は、例えば二〇〇〇年代の小泉構造改革のころまで引き継がれた。族議員や官僚は守旧派・抵抗勢力で、民営化・規制緩和を推進することが改革としてメディアでもてはやされた。そして、郵政民営化も実現した。それがもたらしたのは、郵便局のサービスの低下とかんぽ生命の社員による顧客を騙《だま》した営業活動であった。今から考えれば、市場原理の拡大が正しい政策とは必ずしも言えない。単純な規制緩和と民営化によって消費者利得の極大化を図ることもまた、「損か得か」の議論だったのである。

対症療法ではなく、公共的利益を実現するための正しい政策をつくるためには、様々な立場の人々が対等な発言権を持ち、熟議することが必要だ。有意義な経済政策の転換のためには、政治における意思決定の仕組みを変えることが必要なのである。

4 民主主義と消費者

消費者優先の政治の難しさ

経済システムのひずみに起因する生活の貧しさを打破するためには、政治的意思決定が必要であり、生活者重視の政策の主張は政治の改革論へと展開していく。先に紹介したように、大前は消費者を代表する新党の必要性を主張する。大前においては、市民の政治参加は市場における消費行動の類推としてとらえられている。消費者が自分の選好にかなう商品を選び、購入して高い効用を得るように、有権者は選挙の際に自分の効用を最も高める政策を掲げる候補者・政党を選ぶ。自民党政治によって無視されてきた消費者という広大な市場を目指して、生活者新党が登場することを大前は望んでいた。また、大前自身、一九九五年の東京都知事選挙に立候補した。しかし、大前が提唱したような対立軸に沿った政党再編は起こらなかった。

やはり、政治は「生産」対「消費」という軸だけで動くものではなかったということである。有権者を政策の消費者とみなすなら、その意味の有権者は自分にとって得になる政策を選ぶ。有権者はあくまで受動的な存在である。気に入る政策が提示されないならば、政策の供給者である政治家や政党に不満を述べるだけとなるだろう。

政策の選択と恩恵の享受を通販のアナロジーで考えるならば、政治においては市場と異なり、選択したはずの政策（商品）は配達されないことの方が多い。政治家が公約を破ることもあるし、政治家が誠実であっても財源の制約や経済状況などの環境要因によって公約を実現できないこともある。民主主義の政策決定過程には様々な利害や主張を持った主体がいるのであり、討議を通して政策形成を進めれば、政策は漸進的に実現するのが普通である。政治の世界では、注文どおりに政策が配達されないことを前提として、有権者の方も気長に政治家や政党と付き合う必要がある。

民主主義を支える市民には、政策を選択する合理性以外にも、必要な条件がある。政治とは世の中の仕組みや制度をつくる作業であり、自己利益を超える社会全体あるいは他者への関心が不可欠である。また、世の中の現状の何が問題か、より良い世の中とはどんなものかについて他者と議論する能力も必要である。さらに、政治家や政党、世論に対して自分の主張を発信する能動性も必要である。

組織の功罪

こうした政治的能力を涵養《かんよう》する場は、中間団体である。労働組合、農協、市民団体などの中間団体で他者と議論し、政治とかかわることの成功体験を持つことで、継続的な政治参加が促進される。これに関連して、暉峻はドイツ滞在中に市民の自発的結社が重要な役割を果たしていることに注目した。

日本では、自助、というと、だれにもたよらずに自分で自分の生活を責任もってやること、と解されているが、西ドイツでは、グラウエ・パンターのような（地域課題を議論し自治体と交渉する：引用者注）市民の集まりを、自助グループと言う。公的な補助金を出させるが運営や活動は自分たちでする（中略）というのが自助であった。つまり自助とは公的権力に対抗して市民相互で助け合った歴史から生まれ、自分たちが払った税金は、当然、返してもらう、という精神に立っている。（『豊かさとは何か』五八頁）

大前の描く消費者モデルの有権者は、原子のような存在である。原子のような有権者が単なる政策の消費者であれば、欲求不満にさいなまれ、結局、政治不信、政治的無関心に陥ることは必定である。日本の中間団体と言えば、業界団体、農協、労働組合など生産・供給側の団体が代表的である。これらは、ここまでに紹介した大前の議論では、政治家と結びついて既得権にしがみつくというイメージが持たれている。

しかし、これらの団体が政策的要求を表出することは民主主義の下で禁じられるべきではない。他の団体や運動からもより自由で多元的な要求が政策形成過程にインプットされることによって、特定の団体の主張への対抗力が働き、政策が目指すべき公共的利益を発見できるようになるのである。

人間には消費者だけでなく、労働者、地域社会のメンバーなど様々な属性がある。生計費を安くあげるという消費者の価値観だけに照らして考えれば、食料をはじめとする物資を海外から輸入し、関税や規制を撤廃することが合理的ということになる。しかし、食料の安定供給、地域社会の持続、環境保全など別の価値観に照らして政策の公正・公平を考えるなら、安さを唯一の目標とする政策には限界がある。そのことは、災害が頻発し、人口減少や高齢化が進む今では、より明らかになっていると思われる。

一九八九年から九〇年代初めにかけて、長年の自民党による一党支配に揺らぎが始まった。リクルート事件に起因する政治不信の高まり、消費税導入に対する反発によって、八九年七月の参議院選挙では、土井たか子委員長(当時)率いる社会党が大勝し、自民党は参議院で過半数を失った。このように政治的主体、政策に関してオルタナティブを求める人々の熱は高まった。日本政治を変革する絶好のチャンスが訪れたのである。

反消費税路線という落とし穴

しかし、消費税反対が社会党躍進の最大の理由の一つだったことは、以後の政策論議を困難にした。リクルート事件で、竹下登を筆頭に指導的政治家が要職から退くことを余儀なくされたことは、自民党が腐敗していることを国民に印象づけた。そうした政党が国民に増税を押しつけたことはけしからんという感情論は当然であった。社会党が選挙キャンペーンの材料にそれを使ったこともやむを得なかった。しかし、消費税反対が成功しすぎたことで、社会党あるいは左派政党は政策的な手足を縛られる結果となった。西欧、北欧の福祉国家の成立過程においては、左派政党が付加価値税を財源とする福祉国家政策を展開した。日本においても、高齢社会の到来に備え、租税負担率を高めながら、社会保障政策を拡充することが時代的急務であった。しかし、社会党、のちの社民党は増税反対を唱え続けた。そこには福祉国家を国民の連帯によって支えるという発想は希薄であった。

暉峻の著書の中でも、人々の安心を確保するための政策の財源をいかに調達するかという関心は希薄であったように思える。暉峻は、ドイツ滞在中の次のようなエピソードを紹介している。

西ドイツでは、朝早く空港を出発する人びとには、待合室でタダのコーヒーや紅茶と朝食のサービスがある。（中略）タダ、ということが、私には、はじめのうち、ふしぎに思えてならなかった。習慣といえばそれまでであるが、朝早く朝食ぬきで出てくる旅行者への心づかいがかんじられるだけでも、豊かな安心した気分になる。

この「安心」という感情は、その後もたびたび私をふしぎな感情にひたらせた。日本は治安はよいが、基本的なところで安心のない国だからである。（暉峻、前掲書、二二頁）

旅行者に対する行き届いたサービスの費用は誰が負担しているのだろうか。空港の経営主体が負担している場合なら空港利用料の一部から、航空会社が負担している場合なら運賃の一部から代金が支払われているに違いない。それは、大前の言う見えない税金と同じである。話が空港を利用する旅行者のためのサービスにとどまるなら、見えない税金のからくりでも不満を持つ人はいないのかもしれない。

しかし、国民に広く「豊かな安心した気分」を確保する政策ならば、費用を可視化し、それを公平に負担するとは具体的にどのような意味かを国民自身で議論し、合意を形成することが必要である。九〇年代前半の政治的な動乱の時期は、政党がそうしたビジョンを語る絶好の機会だった。しかし、チャンスを与えられた社会党は具体的なビジョンを出せないまま失速した。

実際に、土井社会党の躍進、参議院における与野党逆転を受けて、社会党に政権交代の主役として積極的に政策論議を進めることを求める提言が相次いだ。その中で最も興味深いのは、高畠通敏《たかばたけみちとし》編『社会党――万年野党から抜け出せるか』（岩波書店、一九八九年）という論集である。編者の高畠をはじめ、この本に寄稿したのは社会党のブレーンと目された学者、ジャーナリストであった。その中で、新藤宗幸《むねゆき》は消費税反対運動の一部が所得の正確な捕捉を嫌う自営業者、中小企業経営者の既得権を守るという動機に由来していることを指摘している。そして、本当に政権を担うためには公平な税制の確立が不可欠であると言う。さらに、参院選直後に社会党が打ち出した消費税廃止と、そのための財源としての個別の物品税の復活という政策を批判する。高齢社会に対応するためには、所得税中心という社会党の方針は不適切であり、欠陥の多い消費税を低所得層に対する還付を伴うEC（ヨーロッパ共同体）型付加価値税に改革する必要があると主張している。

西欧、北欧の社会民主主義政党は、そのような税制改革を進めて福祉国家を建設した。仮に社会党が政権交代を起こすことに意義があるとしたら、そうしたモデルを日本で採用することだっただろう。しかし、消費税の否定によって選挙の大勝を収めた社会党には、冷静に税制改革を論じる能力はなかった。

また、政党の流動化は選挙制度改革をめぐる論争を軸としたものとなり、生活者重視の政策をめぐる議論が深まることはなかった。本格的な税と社会保障の一体改革が進んだのが二〇一〇年代だったことを考えると、消費税に対する怨念は、日本の社会保障論議を二〇年遅らせたと言うことができる。

5　働くことの変化

雇用の劣化はすでに始まっていた

最後に、人間の生活を支える労働の変化について見ておきたい。確かに、九〇年代以降、年間総実労働時間が二〇〇〇時間から一八〇〇時間程度へと縮小された。他方で、総中流社会を支えてきた長期安定雇用の崩壊が八〇年代から始まっていた。一九八六年に労働者派遣法が施行され、非正規雇用の拡大が始まった。労働経済学の専門家、熊沢誠は一九八〇年代末に日本的経営の恩恵に浴せる労働者が減少することを指摘し、働く者の「生きざまの未組織労働者化」という言葉で、雇用の劣化を説明している（熊沢『日本的経営の明暗』

筑摩書房、一九八九年、二三三頁)。

石油危機を乗り越えたのち、八〇年代後半の円高不況を克服する中で、子会社・系列企業への出向または転籍を迫るなど企業の人件費削減は進んだ。大企業の場合、ソフトには(働く者にとってのショックが実感されにくいという意味:引用者注)退職したベテラン社員を再雇用して、ハードには(働く者にとって不利益が直接的に感じられるという意味:引用者注)人材派遣会社をつくり、余剰の正社員を当の会社や関連企業に「派遣」するなど、より不安定な雇用関係に押し出されるようになった。このような圧力の下で、正社員といえども安定した雇用を前提に将来展望を持って働くという生き方ができなくなり、不安定な未組織労働者のような働き方を余儀なくされるようになったと熊沢は言う(同書、二三三頁)。日本的経営からの決別については、一九九五年に日本経営者団体連盟(当時)が打ち出した「新時代の『日本的経営』」から始まったと考えられているが、バブルの時代に雇用の劣化はすでに始まっていたのである。

バブルが終わり、日本経済が長期停滞の段階に入ると、九〇年代の後半から実質賃金の低下が始まり、日本ではむしろ貧困が問題となる。経済的余裕があった時代に、社会的共通資本を整備し、人間らしい働き方を保障するルールを確立できていればという悔いが残る。市場原理の拡大による低コスト社会を実現するという主張には、生活を極めて一面的にとらえているという欠点があった。

他方、従来の自民党政権の政策を批判し、社会的共通資本を充実させるべきだという主張にも、そのための費用負担を具体的に議論し、合意を確立するという問題意識は欠落していた。当時の宮澤喜一政権は、生活の豊かさを掲げて「生活大国5か年計画」という経済計画を策定したが、政治の動揺の中で生活という課題はかすんでしまった。

第四章　最初の政権交代をめぐる希望と挫折

本章では、一九九〇年代前半の政治家が何を考え、どのように行動したかを振り返る。九〇年代前半の日本を覆った政治変革を求める政治家、のみならずその根底にあった国民の熱気を記憶している者にとっては、この三〇年はまさに政治面での失われた時代である。

1　冷戦構造崩壊と政治秩序の動揺

冷戦の終わりと自民党一党支配の限界

九〇年代前半、自民党は結党以来最大の危機に直面していた。第一の理由は、リクルート事件、佐川急便事件という巨大な疑獄事件が続発し、自民党の腐敗に対する国民の怒りが沸騰したことである。

第二は、冷戦構造が崩壊したことである。これには少し説明が必要だろう。一九五五年、当時の自由党と日本民主党が合同して自由民主党が結成された。これは冷戦対立の中で、日本に親米的な保守政権を安定化させるための保守政治家の行動であった。結党にあたっては、米国ＣＩＡ（中央情報局）からも資金援助が行われたことが明らかになっている。腐敗は自民党の持病のようなものだったが、冷戦構造の中で日本を西側につなぎとめるためのピンの役割として自民党はアメリカからも経済界からも必要とされた。自民党の資金面でのだらしなさは、かなりの程度許容された。

冷戦構造の中で、共産主義は悪、アメリカ流自由主義は善であり、自民党の政治家は思考停止状態を決め込むことができた。外交・安全保障はアメリカに任せ、少数の指導者を除き、政治家は地元や支持団体の要求を受けて政策に圧力をかけ、利益配分の媒介を務めることに専念した。

冷戦の終わりは、自民党の存在理由を消滅させた。まじめな政治家ほど思考停止状態を脱して、自らの役割や日本のあるべき姿について考えるよう迫られた。折しも、九〇年代初めの湾岸戦争への対応をめぐって、憲法九条といわゆる国際貢献の関連について考え直すという難問に日本は直面していた。

冷戦の終焉が保守政治に大きな衝撃を与えて、政治改革や政党再編の引き金となったという点で、日本とイタリアはよく似ている。イタリアの場合、自民党に相当したのがキリスト教民主党であった。この党は、連立政権ではあったが、戦後一貫して政権の座にあり、数々のスキャンダルを引き起こしていた。しかし、イタリアは西側世界で最大の勢力を誇る共産党を抱えていたので、保守政権の継続をアメリカも国内経済界も望んでおり、キリスト教民主党の政権は延命した。九〇年代初め、冷戦終焉の直後にタンジェントポリと呼ばれた大規模な政治腐敗が露見し、有力政治家が軒並み逮捕され、政治改革を求める世論が沸騰した。そして、選挙制度改革が行われ、その制度の下で政党再編成も起きた。

イタリアの場合、冷戦終焉、ソ連崩壊を受けて、共産党も分裂・再編したことによって、政党再編はよりダイナミックとなった。その後、何度か政権交代を起こしたが、二〇二〇年代には、ファシストの流れをくむ右派ポピュリスト政党「イタリアの同胞」が政権を担うに至った。政界再編が一筋縄ではいかないことは、イタリアも日本も同じである。

改革派の構図

話を日本に戻す。九〇年代前半、中堅・若手の政治家は次の時代のビジョンをめぐって積極的・情熱的に発言するようになったが、冷戦の終焉と政治腐敗という問題を反映して、その主要なテーマは憲法・国家路線と民主主義の形という二つとなった。

こうしたテーマに関する最も雄弁な提起は、小沢一郎の『日本改造計画』（講談社、一九九三年）である。かつて自民党幹事長を務め、キングメーカーとも言われた小沢が、自民党政治の限界を指摘し、根本的な政界再編を主張したことは衝撃的であった。一九九二年の夏から秋にかけて、政治資金疑惑で金丸信《かねまるしん》が自民党副総裁を辞任し、竹下派会長から退いたことで、竹下派の後継をめぐる争いが起こった。小沢は小渕《おぶち》恵三との戦いに敗れ、少数派に転落し、羽田孜《はたつとむ》をリーダーとする派閥を結成した。それゆえにこそ、小沢グループは政党再編の台風の目になると思われていた。実際、九三年六月に宮澤内閣不信任案が提出されたとき、小沢グループは賛成し、可決という結果をもたらした。

小沢に対抗する議論として、戦後民主主義の基本的な枠組みを継承したうえで改革を唱える寛容な進歩的保守のそれがある。その嚆矢《こうし》は、一九九二年五月に細川護熙《もりひろ》が立ち上げた日本新党の政策である。細川は熊本県知事を務め、中央集権体制が経済の活力を奪い、社会に閉塞感をもたらしていることを批判した。地方分権と規制緩和を柱に、改革を打ち出した。さらに、九三年の衆議院解散の直後、武村正義を代表とする新党さきがけが誕生した。新党さきがけと日本新党は当初同様の改革論を唱道していた。

小沢グループと日本新党・新党さきがけブロックという二つのグループが九〇年代前半の政党再編の主役となった。ここで注目すべきは、改革や再編の主役が自民党から分かれ出た政治家であり、革新勢力は全く蚊帳《かや》の外だったということである。そもそも九〇年代に入ると、革新という言葉はほとんど使われなくなり、政治を変革する勢力は自らを改革派と称するようになった。変革の担い手だったはずの社会党は八〇年代後半にマルクス・レーニン主義を公式に放棄し、西欧型の社会民主主義路線を採択し、土井たか子委員長時代には躍進した。しかし、政権交代を志向する流れと明確な抵抗を志向する流れの分裂は埋めがたく、自民党の危機が深刻化する中でも存在感を失う一方であった。

例えば、消費税と自衛隊という基本政策が、社会党の政権参加の際の障害となった。これらの政策を廃止することは不可能であったが、それらの政策の持続を認めることは革新政党として許しがたい堕落だと考える左派が社会党の中では顕在であった。そして、社会主義体制の崩壊は社会党の知的威信の低下を決定的にした。

2 改革論の二つの流れ

①小沢ビジョンの本質

「普通の国」の衝撃

九〇年代前半の改革論の中でも、最も注目され、影響力を持ったのは小沢一郎の『日本改造計画』である。この本は、内政、外交両面にわたる広汎な課題について、論理的・体系的な政策を打ち出している。のちに政治学者の御厨 貴《みくりやたかし》が明らかにしたことによれば、御厨や北岡伸一、伊藤元重などの学者が分担して執筆した。当時四〇代のすぐれた学者を結集して新時代の政策集をつくったことは、小沢の知的能力の反映である。

小沢は湾岸危機（一九九〇〜九一年）時に自民党幹事長を務め、海部《かいふ》俊樹政権を支えた。そして、自衛隊の海外派遣をめぐる紛糾から、日本政治の欠点を思い知らされた。小沢は、冷戦時代の思考停止から脱却する必要を痛感した。小沢によれば、日本政治の欠陥は、政策決定ができないこと、決定について責任を負う主体が存在しないことであった。この分析は、丸山眞男《まさお》による日本ファシズムの分析と重なるもので、戦前から戦後を無責任体制が貫いていたというわけである。

戦前・戦中の日本では、天皇と宮中、陸海軍、官僚、政党など様々なアクターが割拠して、権力の所在があいまいだったことが、無責任体制をもたらした。これに対して、戦後の日本では、国民主権と議会政治が確立し、国民から信託を受けた指導者が権力を掌握して、政策決定にあたるというタテマエが存在した。にもかかわらず無責任体制が持続したのは、政治において競争が存在しなかったからだと小沢は言う。五五年体制の中で自民党と社会党は対決していたように見えるが、自民党が政権党であることは自明であり、社会党は万年野党として憲法改正を阻止できればそれでよいと考えていた。

そうしたなれ合いを支えたのが中選挙区制だと小沢は言う。この見解は、政治改革を求める論者にも共有された。それゆえ、小選挙区制を導入し、政党を厳しい生存競争に投げ込むことこそ、日本の政党にダイナミズムをもたらすカギとされた。

小沢の新しさ

小沢が目指したのは、民主主義のモデルチェンジであった。冷戦下の思考停止の中では、政治家が地域や利益団体の代理人として利益誘導に励むという大きな合意と小さな妥協の政治が民主主義だった。しかし、九〇年代以降の新しい国際環境下で、官僚や利益団体の既得権を削るような困難な課題に対して、政治家・政党が議論を通して答えを出し、それを実行するのが新しい民主主義のあるべき姿となった。八〇年代までは、「経済は一流、政治は三流」と言われ、また、日本は官僚が優秀だから政治家は腐敗していても実害はないとも言われた。しかし、冷戦終焉とバブル経済の終わりという大きな環境変化の中で、政治家が時代に適応した政策転換を主導しなければ、他に政策を変えられる主体はいないと小沢や、小沢に共鳴する学者は考えた。小沢は、機能する民主主義のイメージを次のように語る。

時間的、空間的に権力を限定する一方で、必要な権力を民主主義的に集中し、その権力をめぐっての競争を活性化する。これが、本当にたくましい「脳」を日本の巨体に植えつける道ではないだろうか。(『日本改造計画』二五頁)

小沢は、外に対しては積極的な国際貢献を行うための制度整備、内においては経済構造転換のための改革という難問に対して、答えを出せるような政治勢力をつくり出すという決意を明らかにする。

対外政策の新機軸が「普通の国」というスローガンだった。その中身は、「国際社会において当然とされていることを、当然のこととして自らの責任で行う」「豊かで安定した国民生活を築こうと努力している国々に対し、また、地球環境保護のような人類共通の課題について、自ら最大限の協力をする」(前掲書、一〇四～一〇五頁)ことであった。また、自衛隊の役割について、「日本の平和と安全にとって好ましい戦略環境を積極的、能動的につくり上げていく手段として位置づけ」るべきとし、「受動的な『専守防衛戦略』から能動的な『平和創出戦略』への大転換が必要」だと提起する（同書、一一九頁）。

社会経済構造の転換については、官僚支配を打破し、経済的自由と市民的自由を確立するため、「1　東京からの自由、2　企業からの自由、3　働きすぎからの自由、4　年齢と性別からの自由（年齢、性別に関係なくすべての人が自分らしく生きる自由を享受する：引用者注）、5　規制からの自由」の五つの自由を訴えた（同書、一八五～一八六頁）。この提言は政府や企業という大組織から、個人の自由を確立するという理念を表現している。

繰り返すが、九〇年代前半は冷戦が終わり、自民党が最悪の腐敗事件を起こし、世の中をリセットする必要があるという気運が広がっていた。『日本改造計画』は、小沢に期待を寄せる中堅学者や官僚が知恵を集めて書いたマニフェストのようなものであった。小沢と言えば、田中角栄の弟子であり、田中派、竹下派の嫡子だったはずだが、五つの自由の議論は伝統的な自民党にはない近代的な発想だと評価できる。

②新党さきがけという希望

リベラルな保守という新種

改革論のもう一つのタイプは、細川護熙、武村正義、田中秀征《しゅうせい》などの穏健保守が唱えたものである。彼らも、自民党の政治家として出発しながら、自民党の腐敗体質や自己変革能力の欠如に絶望して新党を立ち上げた。したがって、政治に関する現状認識は、小沢と同じであった。

一九九二年秋以降、細川と田中は新党設立に向けて会談を重ね、理念と政策を練った。当初は日本新党と新党さきがけは合流する予定であり、九三年六月の新党さきがけ結党の際に打ち出された理念は、穏健保守の基本的理念と言って差し支えない。それは、以下の五ヵ条であった。

1 憲法の尊重。憲法の理念の積極的な展開を図る。

2 再び侵略戦争を繰り返さない固い決意を確認し、政治的軍事的大国主義を目指すことなく、世界の平和と繁栄に積極的に貢献する。

3 地球環境問題への取り組み。

4 皇室の尊重と、全体主義の進出を許さず、政治の抜本的改革を実現して健全な議会政治の確立を目指す。

5 自立と責任を時代精神に据え、社会的公正が貫かれる質の高い実《じつ》のある国家、

『質実国家』を目指す。（田中秀征『さきがけと政権交代』東洋経済新報社、一九九四年、六七～六八頁より筆者要約）

国内政策に関しては、官僚統制を排除して、自由な経済活動を進めることで、個人の生活を豊かにするというビジョンは小沢にも細川にも共通している。一見対立しているように見えたのは、憲法論、歴史観、対外政策である。田中は自民党離党を決意する前後、当時の宮澤喜一首相と親交を持っていた。田中にとっては、自民党ハト派の理念を冷戦後の時代に生き残らせるために、新党が必要だった。また、田中は石橋湛山《たんざん》に私淑していた。湛山の小日本主義を冷戦後の世界に適用しようとしたとも言えよう。武村のビジョンを示した本のタイトルは『小さくともキラリと光る国　日本』（光文社、一九九四年）で、これも小日本主義を意識したものである。

湾岸戦争の際、日本は自国防衛のため以外に武力行使はできないという憲法九条の制約があり、自衛隊を派遣せず、経済支援だけを行った。その姿勢は一国平和主義とも呼ばれ、憲法九条と国際貢献をめぐる議論が沸騰した。伝統的な護憲陣営は、国際社会における平和や人権を擁護するための具体策を持たず、自信喪失状態に陥った。それゆえ、保守の中から憲法の平和主義を正面に掲げ、平和国家の理念を再生させる議論が現れたことは、良い意味での衝撃であった。

国家像論議への傾斜

かつて社会党が唱えた非武装中立が不可能であることは、当時すでに明らかであった。革新の陥没に伴って、憲法九条をめぐる対立構図は、保守の中に存在した穏健・現実主義と国家主義の対立に移行した。「武村・田中：自衛隊を専守防衛の枠の中にとどめて、国際貢献は非軍事的手段で行う」のか、「小沢：自衛隊を海外に派遣し、軍事力行使を含めて国際貢献を行う」のかというのが、新たな対立構図となった。

実際に、一九九四年四月に細川が政権から退いた際、羽田孜を首班とする連立政権協議で、朝鮮半島有事の際の自衛隊の役割をめぐって小沢率いる新生党（当時）と社会党の間で対立があった。自衛隊が軍事的役割も含めてアメリカと協働することがそこでの争点だった。他方、虚心坦懐に小沢の主張を読めば、軍事的貢献を優先しているわけではなく、憲法が本来想定する国連を中心とする集団的安全保障を理想としていたことも事実である。だが、一般には「小沢＝軍事的積極主義」というイメージが生まれてしまった。非軍事的貢献対軍事的積極主義という構図は大変わかりやすい。しかし、わかりやすすぎたことが、ポスト五五年体制の政党再編をかえって不毛な空中戦にしたと言うこともできる。

3　最初の政権交代はなぜ頓挫したか

①政治改革という第一関門
選挙制度改革という焦点

政策転換と政党再編の関係は簡単ではない。政策論議は言葉の戦いだが、政党再編は選挙で勝たなければならない政治家の離合集散であり、理屈と感情を含めた人間関係が大きな影響を与える。九〇年代の政党再編が理屈どおりに進まなかった理由について、振り返ってみたい。

九〇年代前半においては、自民党政権を一度終わらせること、それ自体が目標であった。そして、選挙制度改革を実現しなかったという理由で宮澤内閣不信任案が可決され、その後の総選挙で自民党が敗北した以上、選挙制度改革を公約にして非自民政権ができることは必然であった。また、新しい選挙制度として、小選挙区比例代表並立制が提案されることも必然であった。自民党時代に政治改革本部の事務局長として議論を主導した武村正義は、私のインタビューに対して、「選挙制度には大別すれば比例代表と小選挙区の二つしかなく、どちらか一つでは自民党も野党も強硬に反対する。だから中選挙区制を変えるには、足して二で割るしかない」と言ったことがある。そこまではよい。

並立制という大枠の中で、比例代表をどの規模で、どのような形で織り込むのかは、新党勢力にとってまさに死活的な意味を持っていた。細川政権側が当初提案したのは、小選挙区、比例代表、それぞれ二五〇で、比例は全国一区とするものだった。衆議院通過の際に、小選挙区二七四、比例代表二二六と修正された。しかし、参議院で社会党左派の反対により選挙制度改革案は否決された。そして、一九九四年一月の細川首相と河野洋平自民党総裁（肩書はいずれも当時）のトップ会談により、小選挙区三〇〇、比例代表二〇〇で、比例は一一ブロックとなった。比例の数を減らし、区域を細分化したことは、新党勢力にとっては極めて不利な変更であった。

加えて、当初の政治改革法案に織り込まれていた企業団体献金の禁止は、自民党の反対で先送りされ、実現しないまま今日に至っている。さらに税金による政党助成の仕組みを導入したが、これは大企業や大口献金者の意向で左右される政治から脱却し、クリーンな政治を実現するために不可欠という理屈であった。企業団体献金の温存と政党交付金の創設で、政党・政治家は火事場泥棒のような儲《もう》けを得たことになる。

参議院で政治改革法案を否決すれば、細川政権は自民党と妥協し、自民党にとってより有利な選挙制度を呑《の》むことになるというのは、この法案の審議の中でも予想されていたことである。その点で、政治改革法案を葬った社会党左派の政治的責任は極めて大きい。「地獄への道は善意で舗装されている」という言葉は、社会党左派のためにあるようなものである。

政治改革以後の戦略の欠如

小沢も、細川・武村・田中も、選挙制度改革は経済や安全保障に関する本格的な政策転換のためにクリアしなければならない前提条件と考えていた。中選挙区制を廃止することは明確だったが、新しい制度について戦略的に熟考していたわけではなかった。

選挙制度は政党再編に直結する。田中は、五五年体制の次の政党システムについて、以下のように述べている。

われわれは、二、三回の総選挙を経た後に、自民党に代わるしっかりした責任政党、政権政党を編成することを目標としていた。その中でわれわれのグループが先駆的役割を果たすという位置づけであった。(『さきがけと政権交代』四七頁)

田中の政党ビジョンを実現するためには、何より自分が二、三回の選挙を生き抜かなければならない。日本新党や新党さきがけという出来立ての新党がそれなりに躍進できたのは、ひとえに中選挙区のおかげであった。必ずしも強い地盤を持っているわけではない新党の政治家が二、三回当選し続けるためにどのような制度が必要か、どの程度掘り下げた議論があったのかは不明である。のちに私のインタビューに答えて、田中は本来の改革を実現するために選挙制度改革は早く片付けたかったと言った。また、比例の全国一区だけは譲れないと思って、トップ会談に臨む細川にその旨を伝えたが、細川は頓着しなかったとも言った。改革を進めた政治家たちも、新制度の下の選挙については、具体的なイメージを持っていなかったのであろう。

政治の再編成を進めるためには、旧来の体制に閉じこもっていた自民党を解体に追い込み、政策軸に即した再結集を進める必要がある。そのためには、非自民連立に集まった政治家が何らかの形で新制度下の総選挙を勝ち抜くことが不可欠である。その点をめぐって、細川連立政権を支えた改革保守勢力の中で亀裂が生じた。

新党さきがけの指導者においては、自分の党をいかに拡大するかという点について、戦略を練った形跡がうかがえない。武村は後藤田正晴と、田中は宮澤喜一と深い信頼関係を持っており、新党さきがけ単体として勢力を拡大するというよりも、自民党の良識派と新党をつくることを追求していたものと推察される。

これに対して、新制度で生き延びることができる大きな勢力を結成しようと積極的に動いたのが、小沢であった。そして、選挙制度改革が決定される前後から、細川は政治的生き残りのシナリオについて小沢と見解を共有するようになった。この点が、細川連立政権が崩壊した大きな原因である。細川の日記『内訟録——細川護熙総理大臣日記』(日本経済新聞出版社、二〇一〇年)は、細川の心境の変化を物語っており興味深い。

先に述べたとおり、政権交代以前から細川、武村、田中は強い信頼関係で結ばれており、小沢に対しては違和感を持っていた。一九九三年末に小沢が武村官房長官の更迭を求めた際、細川は次のように書いている(一二月一六日付)。

小沢氏につきては予《かね》て、今日の政界の中で傑出した戦略を持ち、それを実行する力量を持ち合わせたる人物と評価しおるも、本日は別人の感あり。人間誰しも感情の起伏あるものなれど、この天下非常の時に誰が当面の敵かもわからぬようでは困りものなり。（中略）お互いの信頼を欠くことが政権の破綻にもつながらん。（『内訟録』二三一頁）

しかし、政治改革法案が決着し、細川が消費税率引き上げを意味する国民福祉税構想を打ち出して混乱が起こると、細川と武村の間に亀裂が広がった。一九九四年一月、政治改革法案審議の終盤、細川は新党さきがけの代表幹事だった園田博之に次のように述べた（一月一五日付）。

園田氏の話によれば、さきがけ内部は政界再編につき相変わらず、①新生・公明党グループ②社会党グループ③日新さきがけグループ——の3極論なりとのこと。自分からはこちらがまとまって自民と対峙しなければ自民党に叩き潰される旨を力説。一度自民党と関ヶ原を戦いて決着つくるまでは理念も糸瓜《へちま》もなきことを銘記すべきなりと。

（同書、二八四〜二八五頁）

また、非自民新党の予備段階として小沢が連立与党をまとめた大会派をつくろうとしたことに関して、武村と対立した（二月二三日付）。

私は価値観が多様化している今日の社会において、必ずしも2大政党に収斂するとは思えず。また好ましきことにもあらず。何回かの選挙を経て遠からず「穏健な多党制」が実現するだろうとの見通しなるも、来るべき次の選挙においては、自社寡頭政治たる55年体制を粉砕せずんばあるべからず。本格的再編はその後にならん。当面は一種の非常事態下なるにより、皆でオールを漕いでシケの海を乗り切る心積りせねば、全員溺るること必定なりと、私の所見を述ぶ。（同書、三九五頁）

小選挙区制の下で選挙を戦うならば、まず自民党を倒すことが最大の課題だという細川の認識は的確であった。初めての下野を経験して意気阻喪した自民党だったが、衆議院では二〇〇議席以上を持つ野党第一党であり、地方レベルでは、地方議員をはじめ強い組織基盤を保っていた。権力が自民党の組織を結集する唯一の凝固剤であることは政権交代によって明らかになった。だからこそ少しでも長く自民党を野党の側に置いておくことが、改革の実現には必須の条件であった。これに関して、理念も糸瓜もないという細川の認識は正しい。過渡期の選挙を生き残るための戦略を欠いた新党さきがけの多くの議員は、細川の言うとおり溺れてしまった。

細川は佐川急便からの借入金の返済について十分な説明ができず、野党から厳しい追及を受ける中、一九九四年四月八日、退陣を表明した。後継には新生党党首だった羽田孜が就任したが、連立与党は小沢グループと社会党・新党さきがけブロックに分裂し、羽田政権は発足当初から少数与党となった。予算成立後、不信任案が提出され、可決必至と見た羽田は総辞職し、次の首班指名では自民、社会、新党さきがけの連立による村山政権の誕生という展開になった。

②国家像という虚像

憲法論議の意義と限界

羽田政権発足後は、社会党と新党さきがけが連携し、衆議院でキャスティングボートを握る形となった。次の政権は、非自民連立の再構築か、社会党・新党さきがけが自民党と組むかの二択であった。このとき、社会党と新党さきがけを動かした最大の動機は、小沢に対する反発であった。それには、政策理念と人間関係、あるいは感情の二つの面があった。ここでは、政策理念における対立構図のシフトを説明しておきたい。

このときの政治的選択は、非自民政権の継続による政党再編の完遂か、連立の組み替えによる憲法理念の擁護かというものであった。私自身、憲法理念の擁護という大義名分で当時の社会党に自民党のハト派と手を組むべきと主張した一人である。その意図はどこにあったのか。私は、九〇年代の憲法擁護の基本線は、専守防衛の自衛隊に海外における武力行使をさせないという点にあると考えていた。要するに、自民党ハト派の安全保障政策に社会党も合流せよという話である。

当時小沢が唱えた「普通の国」論において、紛争解決のために軍事力を行使する点こそ普通のゆえんであると理解されていた。折しも、一九九四年春は、最初の北朝鮮核危機が勃発し、朝鮮半島で軍事紛争が起こる可能性も叫ばれていた。羽田政権樹立に向けた政策協議の中で、小沢は社会党に朝鮮半島有事の際には日米共同で対処することを迫っていた。これは、集団的自衛権行使を含意するものとも理解され、社会党は抵抗していた。

下野した後、自民党は河野洋平を総裁に据え、腐敗・古くさいという悪いイメージを払拭する努力をしていた。自民党改革のために一九九四年に設置された基本問題調査会の会長を務めた後藤田正晴は、憲法論に関して次のように述べたことがある。

海外に出て武力行使だけはやらない。これが現在の憲法解釈の限界であるというふうに考えている。（中略）仮に海外に出て武力行使を自衛隊がやりますよと言ったときに国民が七割以上賛成するかというんです。とてもじゃないが、賛成しない。（中略）ここで無理な拡張解釈はできない。どうしてもそれを拡張するというなら、憲法改正以外ありませんよ、ということを私は言いたい。（「村山内閣の十二の政治課題」『月刊自由民主』一九九四年一〇月号、五四頁）

五五年体制の下で対立してきたはずの自民党と社会党が連立を組むことは、野合と言われた。しかし、社会党が言っていた非武装中立は実現不可能なタテマエであり、自衛隊の海外武力行使を阻むという点では理念の一致があった。

自民党の延命という政治的失敗

とはいえ、憲法理念を優先するという選択は、一年足らずで自民党の政権復帰をもたらし、政党再編の流れを止めた。この選択は、自民党の危機を終わらせ、政党再編はもっぱら野党側だけで起こり、持続可能な対抗野党が形成されず、自民一強体制につながった。あのとき、社会党が自民党と組んだのは間違いだったという結果論を語っても意味はない。ただ、自民党との連立を選んだ、私を含む人々の認識における欠落を指摘しなければならない。

第一の失敗は、自民党が常識的な歴史認識と憲法的価値を擁護する「普通の」自由民主主義政党になったという過大評価である。九〇年代前半の自民党は、宮澤、後藤田に代表される穏健な自由主義者が指導層におり、憲法解釈や歴史認識については性急な変革を唱える小沢よりも安定感を持っていた。また、社会党との連立を進めたのは加藤紘一《こういち》、山崎拓《たく》、野中広務《ひろむ》などのハト派だった。しかし、自民党は生まれ変わったわけではなかった。戦争を知る世代が退場すると、戦争を知らない世代の右派勢力が巻き返すこととなった。

第二の失敗は、憲法論や国家観をめぐる対立を過度に二極化したことである。「普通の国」対「非軍事路線」という対立はわかりやすい構図だが、そのわかりやすさに落とし穴があった。小沢は自衛隊を海外に出して国際貢献を行うことを主張したが、それは日米安保の枠内ではなく、国連待機軍への参加という形であった。このアイデアは、一九五九年に進歩派の国際政治学者、坂本義和が打ち出したものであり、さらにその源は、四六年の憲法制定論議の際に当時の東京帝国大学総長、南原繁が唱えた国連中心主義にある。したがって、必ずしも改憲派による軍事力行使の主張と同じではなかった。

このころ、私はTBSのニュース番組で小沢と対談する機会を得た。私は小沢に、軍事力で世界の秩序を守るアメリカは普通の国かと尋ねた。小沢は、アメリカは普通の国ではなく、日本が行う国際貢献の九九％は非軍事的手段によるべきだと述べた。ここから共有点を掘り下げる努力ができたのかもしれない。また、小沢が唱えた官僚支配の打破と規制緩和、個人重視の社会やワークライフバランスの実現は、細川や田中の主張とほぼ同じであった。細川政権の最初の課題が政治改革の実現だったことは当然だったが、その後に脱官僚や生活重視の基本政策を実現することまで合意し、政権をなるべく長く持続することができていればと悔やまれる。

議論の二極化を促進した原動力の一つは、メディアであった。九〇年代初めから、テレビの討論番組で中堅・若手の政治家や評論家が激論を交わすことがはやるようになった。

その種の議論では、共通項を確認するよりも、差異を強調することに力点が置かれる。政治家は刺激的なスローガンを好むものだが、九〇年代前半は改革が議論された割に、それを具体化するための制度設計に関する堅実な議論が進まなかった。こうして、非自民連立政権は選挙制度を変えただけで、その歴史的役割を終えてしまった。失われた三〇年の始まりである。

第五章　自己責任時代への転換

本章では、一九九〇年代から二〇〇〇年代にかけて、「自己責任」という考え方が政策論議の大前提になっていった過程を振り返る。自己責任という言葉は、自分の行為の結果に対しては自分で責任を取るべきだという意味であろう。それは、社会で生きる人間にとっては当然の道徳である。しかし、九〇年代後半以来の三〇年近くの間、この言葉の意味は膨張し、日本人を呪縛している。

宝くじや馬券を買って外れたら自分が損する、という程度の意味であれば、自己責任は自明の理である。では、正規雇用の仕事に就けなくて、待遇の悪い非正規雇用で働くことを余儀なくされ、生活が苦しくなることは自分の責任だろうか。医療や介護にかかる費用について公的保険でカバーする部分が減少するとき、自己負担が増えるのは自分の責任で引き受けるべきなのだろうか。小さな子どもを抱えて働く親たちが保育所を見つけることは、自分の責任においてしなければならないことだろうか。

そうした事例における所得減少や負担増を誰の責任に帰すべきかという問いは、社会がどのようなものであるべきかという理念と密接に関連するものであり、決して自明で単純な答えがあるわけではないと、私は考える。それらの問いこそ、政治の場で議論し、個人が引き受ける部分と社会あるいは公共が引き受ける部分を確定すべきである。九〇年代中ごろからの十数年の間、そうした問いを掘り下げて議論することを妨げ、責任を個人の側に偏らせる方向での、一見自明で単純な答えを国民の常識にしたのが構造改革というシンボルだったというのが、本章のメッセージである。

1　一九九〇年代中期の政策思潮の転換

構造改革の始まり

一九九四年六月、非自民七党一会派の連立は崩壊し、自民党、社会党、新党さきがけの連立により社会党委員長（当時）の村山富市《とみいち》を首相とする連立政権ができた。この時期の自民党では、歴史認識や少数者の尊重についてリベラルな政治家が指導部を形成していたので、社会党との連立は実は円滑に運営された。そして、水俣病未認定患者の救済、元従軍慰安婦への償い金の支給など、戦後日本が置き去りにしてきた懸案について一応の解決を実現する点では良心的な仕事をした。また、地方分権改革に道筋をつけたことも重要な功績である。しかし、バブル経済の崩壊以降の経済再建や迫り来る人口減少時代への対応など未来志向的な政策を打ち出すような意欲や能力をこの政権に求めるのは無理な注文であった。

ただし、官僚が考える経済政策に関しては、この政権の下で基調の転換が起こった。一九九二年に策定された「生活大国5か年計画―地球社会との共存をめざして―」に代わって、九五年に「構造改革のための経済社会計画―活力ある経済・安心できるくらし―」が策定された。九〇年代前半には、日本の巨大な経済力に見合った豊かな生活を実現するという楽観的な目標が経済計画の目標だったが、九五年には初めて「構造改革」という言葉が国の経済計画のタイトルにつけられた。そして、内容も国民の危機感を喚起しようとするものであった。

「第2章　対応すべき構造的諸問題」では、日本経済の立て直しのために、次の五つの課題があるとされている。

1　新規産業の展開の遅れと産業空洞化
2　雇用に対する不安
3　少子・高齢社会のくらしへの不安
4　豊かさの実感の欠如への不満

5　地球社会における責任と役割の増大

　この時期、バブル崩壊以後の経済低迷が予想以上に長期化し、地価の下落による不良債権問題がじわじわと金融機関を圧迫し始めた。

「第3章　政策運営の基本方向」の「第1節　構造改革の必要性」では、「構造改革の過程においては、変革に伴うある程度の痛みを伴うことは避けられないが、構造改革なくしては、現在我々が感じている将来に対する不透明感を払拭し、我が国の中長期的発展を切り拓《ひら》いていくことはできない」と述べている。「第2節　構造改革の基本方向」では、「1．自由で活力ある経済社会の創造」のために「自己責任の下、自由な個人・企業の創造力が十分に発揮できるようにすることが重要である」と述べ、「2．豊かで安心できる経済社会の創造」のためには「人々の意識の変化に対応し、一人一人の個性が尊重され、自立した個人が自己責任の下に多様な選択を行い、多様な役割を持って、参加できるような公正な機会が保障された社会を目指すことが重要である」と述べている。九〇年代前半までは、経済大国を築いた国民の努力に報いるために生活大国を目指すという論理だったが、後半は、豊かさを実現するために自己責任に基づく努力が必要だという論理に転換している。社会党委員長が首相を務め、「人にやさしい政治」というスローガンを掲げる内閣の下で自己責任を求める計画がつくられたというのは、皮肉な話である。

小さな政府に向けた競争

一九九六年一月、政権維持に疲れた村山は退陣を表明し、九三年夏以来、久しぶりに自民党総裁、橋本龍太郎が首相に就任することとなった。野党側では、九四年一二月に共産党以外の非自民勢力が結集して新進党を結成した。

橋本は、一九九六年一〇月に行われた小選挙区比例代表並立制下の最初の衆議院選挙に向けて、改革者のイメージを前面に出すことを迫られた。新進党は、小沢一郎党首の下で、一八兆円減税、消費税三%の維持、国家公務員二五%削減など小さな政府路線の下で大胆な政策を打ち出していた。橋本も中央省庁再編を中心とする行政改革、消費税五%への引き上げと財政構造改革など、小さな政府に向けて政策競争を行った。九〇年代半ばには、大蔵省（当時）の高級官僚に対する金融・証券業界の法外な接待、薬害エイズ事件、無駄な公共事業など、官僚の腐敗と失敗が次々と露呈し、リーダーには優しさよりも、システムを転換する強い指導力とアイデアが求められていたと言うことができる。

選挙の結果、自民党は二三九議席を獲得し、社会民主党、新党さきがけの閣外協力を得て、政権を維持した。橋本は、本格政権をつくって、改革を推進することとなった。

2 自己責任論の広がり

橋本政権と小さな政府路線

政権基盤を固めた橋本は、行政、経済構造、財政構造、金融システム、社会保障構造、教育の六つのテーマで改革を掲げた。これらの改革は、小さな政府を志向するものであった。行政改革については、橋本自らが会長となった行政改革会議で具体案をまとめた。中央省庁の再編成、内閣機能と首相のリーダーシップ強化、独立行政法人など制度の弾力化による効率化、公務員数の削減を実現していった。

財政構造改革については、「二〇〇三年までに財政赤字を対GDP比三％以下に、また赤字国債発行ゼロ」を目標とする財政構造改革法を一九九七年一一月に成立させ、緊縮路線を明らかにした。また、金融システムについては、「フリー、フェア、グローバル」を旗印とする日本版ビッグバンを打ち出した。その内容は、金融分野における規制緩和である。橋本首相は、九七年五月に次のようなメッセージを発した。

少子高齢化と世界の一体化が急速に進む中で、現在の仕組みを根本から見直し、改革しなければ、我が国の活力ある発展が遂げられないことは明らかです。（中略）現在の社会を個人の選択の自由と自己責任を基礎とする社会に改革していくためには、抜本的な規制の撤廃・緩和と財政構造改革を断行し、民間活力を牽引車とする経済の活性化を進めなければなりません。（「橋本内閣が進める六つの改革～橋本総理からのメッセージ～」、https://warp.ndl.go.jp/info:ndljp/pid/10955906/www.kantei.go.jp/jp/kaikaku/message.html）

ここで披瀝《ひれき》された日本のとるべき方向は、先に紹介した九五年の「構造改革のための経済社会計画」の継承である。橋本の自負はアイデアの新規性よりも、実行力にあったと思われる。当時の自民党の有力政治家の中で、橋本は最も長いキャリアを持ち、国鉄改革時の運輸大臣、大蔵大臣、通商産業大臣や幹事長、政調会長を歴任し、政策決定の実際を知《ち》悉《しっ》していた。ここでいう改革を具体化、実行する際には、自民党の族議員と官僚が固守してきた様々な政策を転換したり廃止したりして、権限と財源を奪うことが不可欠だった。

そうした日本の歴史的転換を主導する指導力を持つのは、長年、政権中枢で政策と党務に携わってきた自分しかいないと考えていたはずである。だからこそ、大風呂敷とも思える六つの改革を打ち出した。

橋本の壮大な構想は、九七年秋以降の金融危機の勃発によって挫《くじ》かれた。都市銀行と大手証券会社の破綻という戦後最大の金融危機に際して、政府は国民や企業の不安を鎮めるために、「日本発の金融恐慌を起こさない」というスローガンの下、様々な財政支援策を取ることを余儀なくされた。一九九七年一二月には二兆円の所得税・住民税の特別減税の実施を表明し、九八年度も特別減税は継続されることとなった。しかし、金融危機は橋本政権の失政と受け取られ、九八年七月の参議院選挙で自民党は大敗し、橋本は首相の座を退いた。

小渕政権がまいた構造改革の種

橋本の後を襲ったのは、小渕恵三であった。小渕政権は金融危機の後始末に追われ、景気対策のために巨額の財政出動を行った。公明党と連立を組むために、同党の要求を容れ、一九九九年四月から九月三〇日まで一五歳以下の子どもと一部の高齢者に一人二万円の地域振興券という商品券を交付した。小渕は自分自身を「世界一の借金王」とも言い、橋本政権が残した財政構造改革法を凍結した。このように緊縮財政とは正反対の政策を取った小渕だったが、自己責任社会という理念は継続された。

一九九九年一月、小渕首相は経済審議会に経済新生の政策方針策定を諮問した。このときから経済計画という言葉は統制のイメージが強いとして廃止され、「あるべき姿」という文書が答申された。経済企画庁総合計画局が監修した『経済社会のあるべき姿と経済新生の政策方針 50のキーワード』（国政情報センター出版局、一九九九年）という解説書から、構造改革の基礎にある時代認識と目指すべき方向性について紹介したい。

「あるべき姿」のビジョンは、当時経済企画庁長官を務めた堺屋太一の考えを反映したポストモダニズムと小さな政府路線の組み合わせと言うことができる。

最初のキーワードは「知恵の時代」である。堺屋が「知価社会」というスローガンで主張してきたように、二一世紀には知識や情報などの知的財産が重要になるので、そのためには個人が自由に個性を発揮することが重要になる。

第二のキーワードは、「最大自由と最少不満」であり、これは戦後の古いパラダイムを批判するものであった。戦後の高度成長時代には、「近代工業化による経済的繁栄によって国民の大多数ができる限り揃って幸福を最大限に享受することが望ましいと一般に考えられていた」のに対して、「知恵の時代」においては、「各個人がそれぞれの好みによって、人生の目的とその達成手段とを選び得る個人の自由を、社会全体として最大にすることが重要」とされる。この結果、「好みによる選択と自己責任が基本的な行動となることにより、独創性が発揮され」るようになり、経済の活性化につながるとされる。

第三のキーワードは、「『個』の自由と『公』」の概念である。その中で、「日本の戦後体制である官の主導と各業界の協調によってリスクを社会化し、日本式経営によって高度成長を目指すことは不可能である。当然、日本式経営の一部である長期継続雇用や年功賃金体系を保つこともできなくなる」と述べて、いわゆる日本的経営からの決別が宣言される。これは、一九九五年に日本経営者団体連盟が打ち出した「新時代の『日本的経営』」と同じ路線である。雇用の柔軟化が企業の効率だけでなく、知恵の時代に必要だとしたのは経済官僚の追加である。さらに、企業中心社会から解放された個人同士あるいは個人、企業、政府の関係は、「平等な『横』の関係となり、社会の営みは相互行為になる」とされる。自由な個人が私欲を追求するだけではだめで、社会の構成員として尊ぶべき共通の感覚としての「公」が必要だとも言われる。

五番目のキーワード「社会正義」では、戦後日本が追求してきた正義の意味転換を提唱している。戦後日本では、「社会正義は、①効率、②平等、③安全の三つであった」半面、「例えば『自由』は『あるにこしたことはない』が、社会正義として絶対の価値観を持ってはいなかった」と規定し、自由は平等や安全のために犠牲にされたと述べる。そして、知恵の時代においては、自由が正義として認められるべきで、「『効率』、『平等』、『安全』がある程度抑制されても、『自由』が追求されるケースが出てくる」とも言う。

九番目のキーワードに、「自己責任原則」が挙げられている。知恵の時代においては、「雇用や勤務の形態や人々の帰属対象までもが多様化し、各個人がそれぞれの好みによって人生の目的とその達成手段とを選ぶこととなる。そのように自由度が高まり、選択肢が広がることにより、社会全体の厚生は高まる」と述べて、働き方の多様化、あるいは不安定化が自由の拡大や知恵の創出と結びつけられている。さらに、「安定を求めれば、低い報酬に甘んじることになるかもしれない」と述べて、リスクを志向するか回避するかによって格差が生じることも正当化している。

ここでは詳述しないが、九九年二月に小渕首相の諮問機関、経済戦略会議が提出した「日本経済再生への戦略」でも、同様の論理が展開されている。

自己責任社会の理論武装は、主として小渕政権の下でつくられたのである。ここで、この理論の欺瞞について批判的に考察しておきたい。戦後日本の高度成長は画一製品を低コストで大量生産したことによって可能となった。古くはトランジスタラジオ、のちにカラーテレビに代表される家電製品や自動車など、日本製の機械製品が世界市場を席巻した。これに対して、二一世紀は知恵やデザインなどの知的財産が重要になる。九〇年代にはパソコンが急速に普及し、一九九五年にはWindows95というOSが発売されて、パソコンは一気に身近な情報収集、伝達のツールとなった。

知恵の結晶としてのソフトを開発するためには個人の自由な発想と創意工夫が必要だというのは、当時すでに一般的な認識だった。一連の政策文書を私なりに解釈すれば、自由を阻害する要因として政府（官僚）による規制と、社会（企業、家族、地域社会等）における集団主義、権威主義、同調主義の二種類があるとされる。前者を解体するのが規制緩和で、後者を解体するのが日本的経営の終焉と個人を基本とする社会の構築ということになる。

自由な個人を支える条件

ここで問うべきは、個人の自由を実現するために必要な前提条件とは何か、およびそれを整えるのは誰かという問いと、社会において複数の自由が矛盾・衝突するときの調整をいかに図るかという問いである。

個人が自由を謳歌するためには、個人の側にいろいろな意味での能力がなければならない。能力を涵養するには大きな費用がかかるので、教育は政府の任務とされてきた。また、病気、災害、失業など当人の責めに帰すことができない理由で自由の追求ができない状態に陥った場合、その人を再び自由を謳歌できる状態に押し上げることも政府の任務である。これは、脱線した電車をレールに載せ直すというイメージである。「あるべき姿」も経済戦略会議報告も、競争に立ち向かえる個人を支援すること、競争に敗れた個人の再挑戦を支援することの重要性を強調し、セーフティネットの整備の必要性を説いている。

しかし、戦後日本では、社会保障と教育に対する公的支出は抑えられてきた。九〇年代の社会保障支出の対GDP比は一〇％台半ばで、二〇％台後半のドイツ、フランスよりもはるかに小さかった。公的教育支出の対GDP比は三％台前半で、欧米よりも二ポイント程度低かった。

市場経済の担い手となる強い個人をつくるためには教育投資が必要である。九〇年代の西欧の社会民主主義政権は、再分配による結果の平等から教育投資による機会の平等の実質化にシフトした。デンマークでは、失業者の生活保障と能力開発に対する公的投資の先進事例（ユルゲン・グル・アンダーセン「『市民権』の政治」、山口二郎他編『ポスト福祉国家とソーシャル・ガヴァナンス』ミネルヴァ書房、二〇〇五年、一七四頁以下）があった。デンマークのポール・ニューロップ・ラスムセン元首相は、二〇〇三年に日本で講演した際に、そのようなモデルの開発者として、「デンマークは世界で最も解雇しやすい国だが、世界で最も人々が失業を恐れない国」と述べた。

日本の場合、構造改革は資金面でもマンパワーの面でも小さな政府を一層小さくすることを目指していた。各種の政策文書が指摘するセーフティネットの整備に政府が金を出すつもりはなかったのである。

強者の自由の時代

もう一つの問題は、社会における複数の自由の衝突について、規制緩和の名の下でルールが後退し、むき出しの力関係が人間関係を支配するようになったという点である。雇用の規制緩和を進めることは、雇う側にとって利益追求の自由の拡大を意味する。半面、非正規で働く者にとって、生命・健康を維持するための最低賃金や労働時間規制は低水準のまま変わらなかった。会社中心主義は、従業員に同調主義を押し付けるものから、従業員は軽視して、制約なしに利益を追求する会社エゴイズムに転化した。会社は雇用者と労働者の共同体であることをやめ、経営者と株主の利益追求の手段となったわけである。雇う側と働く側の間の力の巨大な差の前に、「共通の感覚としての公」など形成されなかった。そして、働く者にとって会社からの解放は、金銭的にも時間的にも、一層不自由な状態をもたらしただけであった。大企業に属しておらず、起業家として成功するほどの能力もない普通の人にとって、九〇年代以降の自己責任とは、過酷な生活環境を受け入れ、我慢することを意味した。

個人の自由や多様性を尊重することが経済政策の基調とされた半面、教育や家族制度においては、画一主義、家父長的権威主義が強調された。小渕政権時代に、日の丸を国旗、君が代を国歌とする国旗国歌法が制定（一九九九年）された。これによって、公立学校の教育における国旗・国歌の指導は法的根拠を得て、強化された。教員や児童生徒の内心の自由よりも、学校という組織における秩序と規律が重視されるようになった。また、九〇年代後半からは自民党の右派の政治家が、教育における女性の権利の強調や性教育に対して攻撃を強めた。家父長的権威主義が学校に浸透していったのである。

小渕が病に倒れると、自民党内の談合によって森喜朗《よしろう》が首相に選ばれた。しかし、森は極めて不人気ですぐに退陣し、二〇〇一年四月に小泉純一郎が国民的人気を背景に首相に就任した。小泉は構造改革、自己責任路線を加速させた。首相就任早々の所信表明演説で、小泉は戊辰《ぼしん》戦争後の長岡藩の「米百俵」の故事を引用し、今の痛みに耐えて明日を良くしようと呼び掛けた。しかし、本来の米百俵の精神は、米を売って得た資金を学校建設に充て、将来を担う人材育成を進めたという点にある。小泉の曲解は、国民に苦労を強いるだけで、人的投資を怠った小渕政権以来の構造改革を象徴している。

3　不良債権問題をめぐるモラルハザードと責任論の歪曲

無責任体制と不良債権の累積

ここまで、九〇年代において自己責任という言葉が、日本の経済的衰退に伴う生活苦を我慢するという意味で流布されるようになった経緯を見てきた。そのような責任という言葉の歪曲《わいきょく》について、ここで九〇年代の不良債権処理をめぐる議論が大きな役割を果たしたことを検証していきたい。

バブル崩壊に伴う地価下落は、土地を担保とする融資の不良債権化をもたらし、日本の金融機関を緩慢な危機に押しやった。緩慢というのは、政府が不良債権処理に本気で取り組むようになったのが一九九七年の都市銀行、証券会社の破綻という大危機の噴出があった後であり、九〇年代半ばは弥縫《びほう》策の繰り返しだったからである。実は、九二年夏に、当時の宮澤喜一首相は不良債権問題を重視し、日銀の三重野《みえの》康《やすし》総裁（当時）と協議して、公的資金の投入による不良債権の解消を模索していた。しかし、当時は不良債権問題に対する世の中の関心は薄かった。また、経済界は一枚岩でなく、産業界には公的資金で銀行を救済することへの反発もあった。

政府は、初期の対応が取れなかったまま、九〇年代中ごろから露呈した中小金融機関の不良債権問題に場当たり的に対応した。一九九四年に東京協和、安全の二つの信用組合の破綻が決定的となり、大蔵省は公的資金の投入による預金等全額保護を決断した。しかし、信用組合の監督は東京都の管轄であり、東京都の同意を得ることが必要だった。折しも、九五年四月に東京都知事選挙が行われ、青島幸男《ゆきお》が二信組に対する東京都の公金投入に反対することを選挙の争点にした。こうして、不良債権処理のための公的資金の投入は、ポピュリズムの好餌《こうじ》となった。

同じ構図は、九六年度予算案に盛り込まれた住専（住宅金融専門会社）七社の不良債権処理により全国的な問題に拡大した。住専七社の不良債権処理に六八五〇億円もの公的資金が投入された。このときは、野党の新進党が予算審議を阻止するために委員会室の前でピケを張るという強硬戦術を取った。審議阻止は世論の支持を得られなかったが、住専という不良債権の象徴に対する国民の怒りは膨らんだ。

二信組から住専に至る不良債権処理をめぐる議論の中で、様々なアクターの責任が問われた。第一は、借り手・貸し手の無責任、あるいはモラルハザードである。バブル期に一部の不動産業者が放蕩《ほうとう》を極め、金融機関も土地投機を続けてきたくせに、地価が下落すると公的資金を投入して債務を帳消しにするのはけしからんという当然の怒りが人々に広がった。第二は、金融業界を監督すべき大蔵官僚が銀行、証券会社から法外な、いかがわしい接待を受けて癒着関係にあったことに対する責任追及である。

政治学者の久米郁男《くめいくお》は、不良債権処理をめぐる政策論議の分析の中で、興味深い事実を明らかにしている。九六年春の住専問題について、予算審議が紛糾するにつれ、経済面よりも社会面に多くの記事が載るようになった（久米郁男「公的資金投入をめぐる世論・政治」、村松岐夫《みちお》・奥野正寛編『平成バブルの研究』東洋経済新報社、二〇〇二年、一三一頁以下）。不良債権問題は、金融システムを守ることで人々の財産を保全するという問題ではなく、バブルに便乗して大儲けし、放埒《ほうらつ》の限りを尽くした不動産業者、銀行、官僚を懲らしめる話題として受け止められていたのである。社会面に載った多くの記事は、そうした悪辣《あくらつ》な人々に対する「けしからん」という感情を増長させるものであった。

実際に、住専からの借金を返せなくなった企業経営者、北海道拓殖銀行や日本債券信用銀行など破綻した銀行の経営幹部、接待を受けた大蔵官僚は、背任、収賄などの廉《かど》で刑事責任を追及された。事件の主役となった悪辣な人々が訴追されれば、「けしからん」という責任論は終わる。

金融不安と自己責任

その次の段階で、責任論は別次元に転回した。九〇年代末に都市銀行、証券会社が破綻する中で、投資先、預金先は慎重に選ばなければならない、万一預金先の銀行が破綻して預金保険を超える部分が消失しても誰も助けてはくれないという意味で、人々は責任という言葉を意識するようになった。一九九七年一二月の共同通信の世論調査では、二二%の人が預金を郵便貯金に移すなどの対策を取ったことが明らかになった。人々は金融機関の破綻を受けて、自分の財産の保全のために注意深くならなければいけないという意識を次第に持つようになったことは確かであった。

ここにおいて、責任という言葉は破廉恥なエリートや金持ちを糾弾する言葉から、個人の側に内向した。つまり、自己責任の始まりである。経済行動においては注意深く選択し、万一その結果損失を被ってもそれは自分で引き受けるしかないというように責任という言葉の意味は転化した。

不良債権問題を契機とする責任論の沸騰が自己責任に収束された陰で、小渕政権時代の不良債権処理はモラルハザードを容認し、巨大な無責任体制をつくり出した。経済戦略会議は一九九八年一〇月の「短期経済政策への緊急提言」において次のように述べている。

この（金融危機が起こりかねない：引用者注）状況を回避するためには最長三年という期限を区切って存続可能と判断される銀行に対して政府の積極的な主導の下に大胆かつ速やかに数十兆円の公的資金を投入し、自己資本比率も大幅に引き上げる措置が早急に必要である。金融監督庁の検査結果により、公的資金を受け入れざるを得ない銀行の経営者責任が問われるべきであることは当然である。ただし、責任論については事態の緊急性にかんがみ、公的資金問題とは切り離して考えるべきである。また、公的資金を受け入れた金融機関は早急に自主的経営改善計画を策定、実行すべきであるが。三年後に顕著な経営改善を達成できなかった場合は経営責任を明確にする必要がある。（日刊工業新聞特別取材班編『経済戦略会議報告　樋口レポート』日刊工業新聞社、一九九九年、一三〇頁）

この文書の意味について、経済学者の金子勝《まさる》は次のように解説する。

三年間、経営者の責任を棚上げにしたわけです。僕らは、公的資金の強制注入を前提にした裁判プロセスで、商法とか銀行法違反で会計を粉飾したりするようなやつはきちんと責任を問いなさい、と言ったんです。これはバッシングではなくて、裁判プロセスに耐えるだけの査定をしなければ不良債権額そのものは確定できないんです。（中略）九九年から三年というのは二〇〇二年でしょう。ここから（時効が成立する：引用者注）五年遡ると九七年です。これはまさに金融システムが破綻して、潰れた銀行を見ればわかるように、会計粉飾やら飛ばしやら、みんなやっているわけです。（中

略）それを全部不問に付した（後略）。（金子勝・佐高信《まこと》『誰が日本経済を腐らせたか』毎日新聞社、二〇〇一年、八一～八二頁）

このようにして小渕政権は、破綻を免れた金融機関の経営者を免罪したのである。

4 「無責任の体系」における自己責任

「日本的社会主義」への批判

九〇年代末から二〇〇〇年代にかけて、自己責任という言葉はさらに意味を広げ、政策的支援に頼らずに生きる態度を是認する規範概念に転回した。それを推し進めたのは、「過度な平等からの決別」や「努力した者が報われる社会」というスローガンである。経済戦略会議の委員たちは、報告書の解説の中で、報告の主旨を次のように説明している。

井手正敬（JR西日本会長・当時）「戦後一貫してきた社会、経済の体制を是認せず、その構造を徹底的に変えようというわけです。それを象徴するのが、今までの過度に平等な社会から決別し健全な競争社会を構築しようという提言です。努力した者が報われる社会にしようではないか、というのが従来とは抜本的に異なっています」（『経済戦略会議報告　樋口レポート』一七〇頁）

竹中平蔵（慶應義塾大学教授・当時）「例えばベンチャー企業を起こした人が何かやろうとすると、必ず規制の壁に阻まれる。もしもうまくいって儲けたとしても、税金で三分の二を持っていかれ、手元に残るのは三分の一だけ。これでは達成感は得られず、人は無気力になる。その一方で、一部の産業や地方には、政府から公共事業や補助金がばらまかれる。この与えすぎも人を無気力にする。こうした〝無気力のメカニズム〟を日本の経済システムから追放することが、最重要のポイントだ」（同書、一八一頁）

ここで展開されている平等社会や政策的恩恵の過剰に対する批判は、第二章で紹介した七〇年代の香山健一『日本の自殺』の焼き直しである。それが事実に基づくものではなく、平等や社会福祉に関するステレオタイプに基づくものであることは、ここでは繰り返さない。小さな政府に向けた政策転換を図る際には、たとえ虚偽であっても、「今まで国民は、政策的受益を過剰に受けてきた」というイメージを国民に刷り込むことが、支持を得るために必要となる。

一億総懺悔としての自己責任論

二〇〇〇年代の日本は、無責任の体系の中での自己責任論の横溢という奇観を呈することとなった。無責任の体系とは、敗戦直後に丸山眞男が考えた概念である。満州事変以来、戦線の拡大が所与の前提として受け入れられ、敢《あ》えて引き返す政策決定を誰もせず、敗戦必至の現実から目を背けて、主観的な必勝の信念に閉じこもり、破局に至ったというストーリーである。バブルの生成と崩壊は同じ精神構造がつくり出した経済的な敗戦であった。

九〇年代初めには、孜々《しし》として働いて経済大国を築いた国民にその努力に見合う豊かな生活をもたらすことが政策目標だった。しかし、金融業界や不動産業界の関係者がつくり出したバブル崩壊という愚行が巨大な損失を生み出した。それに伴う負担を割り振るにあたって、壮大な責任転嫁が行われた。先進国随一の長時間労働に耐えてきた国民に対して、「政府の支援が過剰だった、これからはもっと努力しなければ幸せになれない」と政府が説教するようになったのである。そして、経済・金融危機の深刻さを次第に認識するようになった国民は、その説教を受け入れた。

真の責任者を免罪し、一般国民に自己責任を説いた九〇年代末から二〇〇〇年代の経済政策は、平成版一億総懺悔《ざんげ》のキャンペーンであった。

第六章　構造改革をめぐる狂騒

長い自民党の歴史の中で、最も自民党らしくない首相は小泉純一郎だった。小泉は、一応清和会《せいわかい》（旧福田派。二〇二四年一月に解散を決定）に所属していた。安倍晋太郎が死去した後、この派閥の会長の座をめぐって三塚《みつづか》博と加藤六月《むつき》が戦いを繰り広げたが、小泉は派閥政治には無関心であった。小泉は長年郵政民営化を唱えていたが、竹下派・小渕派が全盛を誇った時代には実現不可能な空論だと思われていた。小泉は、いわば「政界のドン・キホーテ」のような存在であった。

しかし、小泉は政治的権力闘争について動物的な勘を持っており、唯一のチャンスをつかんで首相にのし上がった。そして、二〇〇〇年代前半に様々な政策転換を主導した。本章では小泉政治、小泉による政策転換の功罪を検証する。

1　小泉政治の斬新さ

変人、小泉の登場

二〇〇〇年四月二日未明、小渕恵三首相が突然病に倒れ、人事不省に陥った。同日夜、青木幹雄内閣官房長官、森喜朗自民党幹事長、野中広務幹事長代理、亀井静香政調会長、

村上正邦参議院議員会長の五人がホテルに集まって、小渕辞職の形を整え、後継の総理・総裁に森喜朗を据えることを決めた。現職総理の急病、職務遂行能力の喪失という未曽有の危機において、閣議を開いて全閣僚の議論を踏まえるわけでもなく、まして国会に対して説明するわけでもなく、密室の中で一握りの与党幹部だけで情報を隠蔽《いんぺい》し、後継者を決めたことは、森政権の正統性に対する強い疑問を生じさせた。

森首相は、神道政治連盟国会議員懇談会の席で「日本は天皇を中心とする神の国」、さらに総選挙の際に「無党派層は寝ていてほしい」などの失言を繰り返し、支持率は低迷した。二〇〇一年二月には、日本の水産高校の練習船えひめ丸が米海軍の原子力潜水艦と衝突し、多数の死者が出た事故の一報を受けながらゴルフを続けていたことが国民の怒りを買い、支持率は一桁台に低下した。森政権の下では、同年夏に予定されていた参議院選挙を戦えないという自民党内の声も高まり、四月に森は退陣を表明し、自民党総裁選挙が行われることとなった。森政権の成立過程から崩壊に至る様々な問題は、自民党政治の古さの表れと理解された。それは、小泉純一郎政権成立の重要な前提となった。

四月に、森の後継を決める自民党総裁選挙が行われた。このときは、党員による予備選挙を行ったうえで、国会議員と地方票（一県三票、予備選で一位となった候補がその県の票をすべて獲得する）で決選投票を行うという方式が採用された。この選挙には、小泉純一郎、橋本龍太郎、麻生太郎、亀井静香の四人が立候補し、小泉は予備選挙において、四一都道府県で一位となり、地方票一四一票のうち八七％を獲得した。この圧倒的な「民意」の前に、国会議員も圧倒され、決選でも小泉が圧勝した。国政選挙ではなく、有権者がごく少数の自民党総裁選挙ではあったが、小泉は全国を遊説し、古い自民党をぶっ壊すと演説して、一般大衆の拍手喝采を浴びていた。

有能な権力者としての小泉

総裁選の中で、小泉は「構造改革」を繰り返し唱えた。小泉は、郵政民営化を政治家人生の最大のテーマにしていた。ただ、小泉は政策通とか理論家というタイプではなかった。小泉の所属した派閥、清和会は、田中派、竹下派と対立してきた。郵政族は田中・竹下派の牙城であった。小泉の郵政民営化論は、市場主義という経済的理念のみならず、竹下派（当時の正式名称は経世会《けいせいかい》。のちに平成研究会と改称し、二〇二四年四月に解散を決定）を打倒するという政治的動機に基づくものでもあった。

小泉は、当初は実現不可能と思われていた郵政民営化を唱え続け、経世会と喧嘩《けんか》したことで、〝政界の変人〟と言われてきたが、したたかな政治的計略の持ち主であった。権力を果断に行使するという点では、中曽根康弘以来の強力なリーダーであった。小泉の特徴は、九〇年代後半の橋本行革によって整備されたリーダーシップ強化の制度を実際に活用した点にあった。

橋本行革では首相のリーダーシップを補佐する仕組みとして、内閣府という総合調整官庁が設置され（二〇〇一年）、その下に経済財政諮問会議、規制改革推進会議などの諮問機関が置かれた。小泉改革で最も重要な役割を果たしたのは、経済財政諮問会議であった。この会議は、首相を議長に、財務相、厚労相などの関係閣僚、四人の民間議員から成り、民間議員には経済界から二名、学者から二名が任命された。この会議で中心的役割を演じる経済財政政策担当大臣に、小泉は経済学者の竹中平蔵を起用した。この人事も、旧来の族議員、官僚中心の政策形成システムの打破というイメージを高めることに貢献した。二名の学者も新自由主義を奉じる人々で占められた。

経済財政諮問会議は、法律に根拠を持つ政策調整の司令塔として大きな権威を持っていた。この機関は、毎年度、予算編成に向けて「骨太方針」を打ち出し、予算編成はこれに沿って行われ、各省や族議員が予算分捕りを行う余地を封じた。このように、手続きを変えることによって中身を変えるという戦略は有効に作用した。社会保障費の抑制、地方交付税の削減、公共事業費の削減などが大した抵抗もなく実行された。

小泉は、私にとって付き合いのある数少ない自民党政治家の一人であった。小泉は、首相就任直後、首相公選制を考える懇談会という私的諮問機関を設け、私も委員に呼ばれた。その狙いは、首相が与党政治家の顔色をうかがうことなく、国民の支持をあてにして政権運営ができるような制度を検討する点にあった。そもそも首相公選制度とは、憲法改正なしには実現できないものであり、実際に制度を変えられる可能性は小さかった。そこで、この懇談会の活動は、憲法改正を伴うもの、現在の制度の中で首相公選に近い効果を得るための運用などいくつかのアイデアを示した程度で終わった。

私が報告した会には小泉も出席していた。私は小泉に、首相公選などと大仰な制度改革をしなくても、首相が最重要課題を争点に解散権を行使し、「小泉改革に賛成すること」を条件に自民党の議員へ公認証を渡せば、極めて強い指導力を得ることができると述べた。これは私の独創ではなく、イギリスにおける議院内閣制の運用パターンの一つである。この手法は実際に、二〇〇五年の郵政民営化をめぐる解散総選挙で使われた。小泉は、イギリス型の議院内閣制が予定している、内閣と与党の両方を動かす強いリーダーであった。

その強いリーダーシップで進められた政策が、国民にとって有益だったかどうかは、別途検討を要する。以下、その点について考えてみたい。

2　構造改革とは何か

借金まみれの日本

小泉自身は構造改革について、郵政民営化などの例示をしただけで、明確な定義をしたことはなかった。しかし、人々は構造改革という言葉を聞いて、日本の停滞を打破すべく、何かすごいことをするのだろうという期待を持っていた。小泉政権が発足したのは、バブル崩壊からほぼ一〇年が経過し、「失われた一〇年」という言葉が人口に膾炙するようになった時期であった。この時期に日本が直面していたのは、大きくまとめれば、不良債権の累積がもたらした債務の解消、あるいは債務が将来拡大することを抑止するという債務対策と、未来に向けた成長の牽引《けんいん》車をつくり出すという二種類であった。

債務は、民間部門と公共部門の両方に存在、あるいは伏在していた。民間部門では、バブル崩壊に伴う不良債権の発生によって、金融システム維持のためという形で国民が債務を負担することになった。野口悠紀雄は、金融機関に投入された公的資金のうち約一〇・四兆円が戻らなかったこと、それに加えて、銀行が回収不能債権を無税で償却したことに伴い約三九兆円、法人税収が減少したと指摘している。無税償却は特例であり、税収減少額は銀行に対する補助金とみなすことができる。合わせて、約四九兆円が国民負担となった（野口悠紀雄『平成はなぜ失敗したのか』幻冬舎、二〇一九年）。二〇〇〇年代初めにも、不良債権問題を最終的に解決することは残された課題であった。

野口は、金融危機のどさくさに紛れて国民負担を増やしたことについて、次のように述べている。

他方では得をした人がいます。銀行から融資を受けて返済しなかった企業です。しかし、それが誰なのかは、分かりません。これほど不合理なことがまかり通る国は、世界広しといえども、日本だけでしょう。（中略）しかし、われわれは、このことを決して忘れてはならないのです。なぜなら、われわれは、バブルの教訓を汲《く》み取っておらず、日本の金融機関の基本的な体質は変わっていないからです。（『平成はなぜ失敗したのか』一一六〜一一七頁）

公共部門の債務は、バブル崩壊に伴う税収の減少と景気対策としての公共投資のための国債発行により、九〇年代に増加した。また、人口の高齢化が進む中で、年金、医療費、介護費の増加は必至であり、税や保険料を確保しておかなければ将来大きな財政赤字が発生することは確実であった。また、特殊法人や地方自治体が、税金ではなく借金でインフラや公共施設の整備を行い、それらが予定されていた収益を上げないという隠れた公共債務の問題も注目を集めるようになった。最悪の事例が、北海道夕張市のリゾート開発の失敗と財政破綻であった。その際の資金供給の仕組みが、郵便貯金や簡易生命保険などを原資とする財政投融資であった。その点で、小泉が郵政事業の改革を唱えたことには理由があった。

この種の債務対策を行うための資金は、最終的には国民が税や社会保険料という形で負担するしかない。小泉が構造改革について「痛みに耐えて」と繰り返していたのは、この点を指す。人々も、政治に何らかの痛みはやむを得ないと考えていたからこそ、小泉が高い支持を得たのであろう。

成長戦略という課題

成長の牽引車を見つけなければならないという危機意識は、当時すでに広がっていた。日本の製造業が世界を席巻したのは八〇年代まであった。東西冷戦の終わりとともに、旧社会主義国が市場経済に組み込まれ、中国や東南アジア、インドでも工業化が進んだ。先進国では、工業社会からポスト工業社会への移行が課題となった。その点で、アメリカはIT革命を進め、情報産業が急速に発展した。日本はこの点で立ち遅れた。工業社会に適合的だった経営・教育などのシステムが、ポスト工業社会への移行を妨げる足かせとなった。

終身雇用制は、マニュアルどおりの定型的な仕事に当たる従業員の会社への忠誠心を確保することには役立ち、モノづくりの現場では忠実な従業員による作業の改善で効率化を進めることもできた。しかし、ポスト工業社会では、モノの製造は人件費の安い後発諸国に任せ、先進国では企業も人も知識の創造や新しいビジネスモデルの開発によって富をつくり出すという戦略にシフトすることを迫られた。そのためには、個人の自由と多様性を尊重することが前提条件となる。画一主義、同調主義を尊重する日本の企業社会は、知恵の創造には向いていない。そうした企業に人材を供給する教育システムも同様であった。

こうした認識は、経済界と政府内部の経済官僚や自民党の一部の政治家に共有されていた。日本的集団主義からの個人の解放や自由の尊重というスローガンは、以前はリベラル派、進歩派が主張してきたものであり、小泉政権は伝統主義的、権威主義的自民党政治からの転換というイメージを帯びることとなった。そのことは、都市の無党派層が小泉政権支持に転じたことの大きな理由となった。

3　構造改革の定義

競争強化か透明・公正の確保か

構造改革の具体的な課題と手段について、一般市民向けに書かれた本として、エコノミスト・田中直毅の『構造改革とは何か』（東洋経済新報社、二〇〇一年）と、経済学者・佐和隆光の『日本の「構造改革」』（岩波新書、二〇〇三年）の二冊が有用である。田中は市場主義、佐和は近代経済学の研究者ながら、公平・公正を重視するリベラル派である。しかし、戦後日本の構造の限界について、両者は同じ認識から出発する。戦後の経済成長をもたらし、またその中で強化された日本的システム、すなわち経営と雇用、官僚と市場の関係、教育と人材育成などのシステムが、冷戦の終わり、バブルの崩壊を契機に歴史的役割を終えたという認識から、改革論を始める。

戦後の革新勢力に関心を持った知識人らしく、両者は構造改革という言葉について、六〇年代の社会党右派の江田三郎が最初に提示したことを指摘している。田中は構造改革の意義について、「一九六〇年代当初の構造改革とは、制度の改革を通じて国民がその力量を発揮できる仕組みにすれば、富も、福祉も、また、労働者の恵まれた労働環境も入手できるというメニューにかかわるものであった。メニューの全体に対してストラクチャー(構造)が使われた」と解説している(『構造改革とは何か』八七頁)。

構造改革とは国民がその能力を発揮して幸福を追求できる環境をつくる前向きなメッセージだったという田中の指摘は重要である。田中の議論を私なりに要約すれば、二一世紀冒頭の日本にとって最も必要な改革は、「最も成功した社会主義」と言われた日本独特の政府と市場の結合体を解体し、競争と淘汰が働くダイナミックな市場をつくり出すことである。政官財(業)の結合を田中は「日本版コーポラティズム」と呼び、これがガバナンス不全に陥ったことが九〇年代に明らかになったと批判する。国民の利益を無視した業界利益至上主義の行政は、不良債権を隠蔽して大きな金融危機をもたらしたのみならず、薬害事件、無駄な公共事業、特殊法人による過大な公共投資などをもたらした。

また、地方自治体に対する結果の平等を保障する財政支援や農業保護は、地方自治体に補助金依存症を生じさせた。もはや政府にガバナンスの能力はなく、政府の介入は国民にとってのコストを増やすだけだと田中は考えた。

こうした弊害を改めるために田中が描く処方箋は、「従来の政府部門の廃止を通じて、市場機能を拡大し、プライス・メーキング（価格づけ）という機能に磨きをかけ」（田中、前掲書、二四〇頁）ることである。政府が供給したり、規制によって価格形成をゆがめてきたりした様々な財・サービスについて、価格をつける、つまり商品として市場を通じて提供することが改革のカギとなる。労働力も価格づけの対象となるわけである。

これに対して、佐和は構造改革の定義について、次のように述べる。


経済構造改革とは、市場経済の「仕組み」を変えることである。（中略）日本の市場経済は不自由、不透明、不公正に過ぎる。それを自由、透明、公正なものに作り替えることが、私のいう経済構造改革にほかならない。（『日本の「構造改革」』五三頁）

佐和の議論の特徴は、純粋な市場についてのユートピア主義に陥るのではなく、自由、透明、公正という三つの公準の間にトレードオフの関係があるという冷静な認識に立っていることである。透明化のためには企業に情報公開を義務づけるなどの規制が必要であり、自由は制約される。自由競争は敗者を生み、公正の観点からは敗者の支援も必要となる。環境破壊など市場の外部不経済を是正するためには、当然規制が必要となる。市場経済は三つの公準のバランスの上に存在するものであり、三つの公準の組み合わせ方によって異なった市場経済モデルが現れる。

日本の市場モデルについて、佐和は次のように述べる。

> 日本の市場経済は「人に優しい」という利点をもつ半面、不自由、不透明、不公正きわまりないという欠点をあわせもつ。つまり、日本の市場経済は、三つの公準のいずれをも満たしていない。だからこそ、日本経済の構造改革は避けて通れぬ道なのである。（佐和、前掲書、五五頁）

健全な市場と政府の役割をめぐる論争

自由で透明な市場をつくるという問題意識は、田中と佐和に共通する。しかし、公正を実現する主体が政府と市場のどちらなのかという問いについて、佐和は政府にある条件の下で信頼を置くのに対して、田中は政府のガバナンス能力に対して決定的な不信感を持っている。そこが両者の違いということになる。あるべき市場をめぐるこのような論争について、第二章で示した**図2**（四五頁参照）を用いて、整理してみたい。

図2の縦軸は、病気や貧困などの人生につきものの災難、子育てや介護など誰もが担うであろう大きな課題を個人が処理するか、社会全体で受け止めるかという理念軸である。横軸は、リスク処理の手段たる政策を明確なルールに基づいて行うか、権限・財源を持つ官僚の裁量に任せるかという対立軸である。裁量は恣意や公私混同につながりやすい。佐和が言う、「不透明、不公正、不自由で人に優しい」システムとは、裁量的政策によってリスクを社会化する仕組みである。具体的には、補助金による自治体や業界への支援、護送船団方式と行政指導による業界保護がその典型例である。九〇年代には、田中が批判するとおり、政治家や官僚の腐敗、無駄な公共事業、経営責任を問わない銀行への公的資金投入など、ガバナンス不全が明らかになった。

田中は、公正の名の下に行われる政府の介入をすべて排することで、理想的な市場社会

（図2の第四象限）が実現されると考えていたようである。例えば、田中は地方自治体にとってのリスクの社会化装置である地方交付税制度について、官僚が基準財政需要額という標準モデルを設定することによって自治体政策を統制する手段だとして、自治体間の税源再分配を自動的に行う衡平基金を設置して「塊」として配分することを提案している（『構造改革とは何か』一〇九頁）。税源の偏在を補正する必要は認めているので、完全なリスクの個人化を志向するものではないが、最低限のリスクの社会化をしたうえで、各自治体の競争と自助努力に期待している点で、リスクの個人化を重視していると言うことができる。

一方、佐和は自由、透明、公正な市場をつくり出すための前提条件を整備するうえで、政府は依然として大きな役割を担うべきと考えていた。佐和は、イギリスの社会学者、アンソニー・ギデンズの『第三の道』（日本経済新聞社、一九九九年）の翻訳をした。ギデンズは、一九九七年に発足した労働党のブレア政権の政策に大きな影響を与えたことで知られている。第三の道とは、サッチャー的な市場主義（第一の道）でもなく、伝統的な労働党の大きな政府と福祉（第二の道）でもなく、市場経済のダイナミズムと社会民主主義の公平を両立させる路線である。具体的には、結果の平等よりも、市場の中で働き、稼ぐ能力を向上させるために教育に投資することを福祉政策の重点にするという路線である。佐和は、日本にもこの路線を当てはめることを主張した。実際、日本の公的教育支出は先進国の中でも最低レベルであり、高等教育のための自己負担額はアメリカほどではないにしても、八〇年代以来増え続けた。また、親の経済力の違いが、子どもの教育を受ける機会の不平等をもたらしていることも、社会学者の研究で明らかになっていた。このような現実に照らして、佐和の指摘は、自由で公平な市場をつくることは、必ずしも小さな政府を実現することと同じではないことを明らかにしていた。佐和の言う第三の道とは、**図2**の第一象限と第四象限を適度に組み合わせるというアイデアである。

このように、構造改革の道筋については複数の構想があった。しかし、小泉人気は、人々の感情的な高揚をもたらし、複数の選択肢があるという現実自体が認識されなかった。それゆえ、冷静な議論が行われず、痛みを伴う構造改革とは、規制緩和、民営化、政府支出の抑制、公務員数や自治体数の削減など、公共部門のリストラと等置されるようになった。

4　市場主義の展開

競争が豊かさをもたらす

小泉時代には、世の中の様々な仕組みが変えられた。その際のキーコンセプトは、市場主義である。市場主義には、経済活動を行う市場をより純粋なものにする内向的市場主義と、従来政府が提供してきた財やサービスを市場に置き換える、あるいは政府が行うにしても市場の経済主体の方法を適用する外延的市場主義の二種類がある。

内向的市場主義は、様々な分野の規制緩和である。八〇年代には経済的規制が官僚と特定業界の既得権を生み、一般消費者がそのためのコストを負担したことは、第三章で触れた。その意味で、規制緩和は物価の低下をもたらし、消費者にとっての福音という面があった。四〇年ほど前の私の学生時代と比べて、消費生活の面での大きな変化は、百円ショップの隆盛である。一定水準の消費物資がこれだけ安価に提供されるというのは、グローバル化、貿易と投資の自由化のたまものだろう。しかし、規制がすべて悪ではない。佐和が言う自由、公正、透明のためにはルールが必要であり、ルールを守らせる政府の力も必要である。
この点に関連して、当時の規制緩和論の理念を物語るエピソードがある。小泉応援団の一人で、労働政策審議会臨時委員でもあり、人材派遣会社の経営者であった奥谷禮子《れいこ》が、雇用の規制緩和、ホワイトカラー・エグゼンプション（特定職種について所定労働時間の概念をなくす、そのため残業手当も払われない）について雑誌のインタビューで次のように述べた。

格差社会と言いますけれど、格差なんて当然出てきます。仕方がないでしょう、能力には差があるのだから。結果平等ではなく機会平等へと社会を変えてきたのは私たちですよ。（中略）
（ホワイトカラー・エグゼンプションが：引用者注）さらなる長時間労働、過労死を招くという反発がありますが、だいたい経営者は、過労死するまで働けなんて言いませんからね。過労死を含めて、これは自己管理だと私は思います。（中略）労働基準監督署も不要です。個別企業の労使が契約で決めていけばいいこと。「残業が多すぎる、不当だ」と思えば、労働者が訴えれば民法で済むことじゃないですか。（「改革は何をもたらすのか　労働関連法改正を審議してきた公労使代表に聞く」『週刊東洋経済』二〇〇七年一月一三日

号、四四頁)

奥谷の発想の特徴は、第一に、機会の平等は存在しているのだから、あとは本人の努力次第という自己責任論、第二に、労働力という商品の特殊性を否定し、すべてを自由な取引・契約に任せるという点にある。これらが現実を見ない空論、あるいは虚偽意識であることは言を俟《ま》たない。

機会の平等は自然に確保されるものではなく政策的な働きかけが必要であることは、佐和の議論の中で明らかにしたとおりである。また、労働力の取引をすべて民法で処理するというのは、資本主義の歴史を無視した暴論である。労働力という商品は人間の生命、健康に密接に結びついているからこそ、労働時間規制をはじめとする特別法としての労働法が必要である。一九世紀以来、労働者が自分の生命と健康を守るために戦い、労働に関する様々なルールを勝ち取ってきたことで、資本主義経済の下での人間の幸福が実現したのである。

また、企業と労働者の間には圧倒的な力の差がある。労働を民法で規律するという奥谷のビジョンは、今日、偽装フリーランスの横行という形で実現している。ウーバーイーツ

(Uber Eats) などの配送の仕事は民法上の請負という形式を取っており、発注側の会社と配達員の間には雇用契約が存在しない。だから、ウーバーイーツで出前を運ぶ人々は労働基本権を持たず、仕事中の事故についても、それこそ自己責任での対処を求められる。この点は、イギリスのケン・ローチ監督の映画、『家族を想うとき』(二〇一九年) の主要テーマである。こと労働者の権利という点では、規制緩和路線は時計の針を逆に回しているのである。

このように、小泉改革を支持する学者・経営者は、自由、機会平等をうたう形式的制度さえあれば、あとは実質的な格差や権力支配があっても構わないと考えていたと言うことができる。

「民間を見習え!」の帰結

一方、外延的市場主義は、地方自治体の住民サービス、公立教育機関などで幅広く追求された。合言葉は、「民間に学べ」であった。公共部門が行うサービスについては、労働力が過剰で人件費が高い、市民の満足度を度外視しているなどの批判が強かった。人口に対する中央地方の公務員の比率は、日本では三・五%で、先進国の中では最も少ない。もともと日本は小さな政府の国である。しかし、石油危機や円高不況を乗り越えてきた民間部門のコストカットの努力に比べれば、公共セクターは甘えているという、かなりステレオタイプ的な批判が人々の常識となった。

政府事業の市場化の代表は、郵政民営化である。また、道路公団をはじめとする特殊法人の民営化も進められた。郵政事業は独立採算制を取っており、人件費に税金は使われていなかった。それにもかかわらず、小泉の魔術によって、民営化は善とされた。

また、地方自治体の公務員の削減と非正規労働への置き換え、公共サービスのアウトソーシング、学校や研究機関の独立法人化が進められた。政府の統制を排し、それぞれの機関が創意工夫を生かして教育や研究を進められるようにするというのが、「改革」のうたい文句であった。

そうした市場化は、自由、透明、公正な公共サービスをもたらしたのか。答えは明らかにノーである。私自身がかかわっている大学を例にとって、市場化の結果を検討する。国立大学は二〇〇四年度から法人化された。教員数、学生数などを基礎として交付する積算校費という概念はなくなり、国からは運営費交付金が支給され、これと授業料収入、および知的財産などの事業収入で大学を運営することとなった。交付金は効率化と称して毎年一％ずつ、一〇年間にわたって削減された。また、大学は中期計画の策定が義務づけられ、評価を受けることとなった。

その結果は、市場的競争と官僚主義の悪いところの組み合わせであった。その理由を説明しよう。

民間を見習う一環として、大学には計画における目標（なるべく数値を伴うことが望ましい）の設定と評価が求められる。研究や教育の成果を客観的に測定することはそもそも難しい。したがって、到達目標は、論文の本数とか学生の満足度アンケートなど、しょせん疑似的なものである。この疑似目標が官僚主義と市場競争を結びつける媒介となる。

組織の本来の目的、大学の場合であれば学生に知的刺激を与えることや大きなテーマについて掘り下げた論文を書くことを追求するよりも、手っ取り早く疑似目標を達成して仕事をした気になるというのは、官僚組織が陥りがちな病理である。社会学者ロバート・マートンはこれを「目標の転移」と呼んだ。競争の圧力が高まれば高まるほど、中で働く人々は疑似目標の達成に躍起になる。こうして、市場主義と官僚主義が結合するのである。疑似目標の追求は、本来の目的の妨げとなり、「ブルシット・ジョブ」（デヴィッド・グレーバー）と呼ばれる無意味な仕事を増やす原因でもある。

今や、大学の指導的な、あるいは中堅の研究者にとって、研究費の確保が最も重要な仕事となった感がある。研究費を確保するためには、研究費の源である日本学術振興会や民間の財団にプロポーザルを提出し、審査を受けなければならない。魅力的なプロポーザルを書くことが、研究者に求められる重要な資質となった。プロポーザルにはポンチ絵（プロジェクトの進捗、達成の道筋をわかりやすく描いた図式）が不可欠である。研究者は、地道な論文を書くよりも、ポンチ絵を描く能力を求められるようになった。

市場主義と官僚主義の結合は、民営化されたゆうちょ銀行、かんぽ生命保険でも起こった。これらの会社では、従業員がノルマ達成と評価の圧力にさらされ、顧客を騙して投資信託を買わせるという事例が多発した。

また、民間委託は新たな利権をつくることもある。その代表例は、公立図書館の運営を、指定管理者制度を使ってカルチュア・コンビニエンス・クラブ（CCC、TSUTAYAなどを展開する会社）に委託した佐賀県武雄《たけお》市の事例である。同市の市立図書館には、佐賀県とは無縁の埼玉県のラーメン店ガイドブックなどが購入されたことが明らかとなった。これらの本は、当時CCCの系列だったネットオフという中古書店から購入されていた。要するに自分の会社の在庫を市立図書館に引き取らせたということである。役所が適切な監督をしなければ、受託した業者は公金を不当に使って金儲けを図るという事例である。

民間手法の導入はそれ自体が善というわけではない。図式に当てはめれば、官から民への改革は、全体としてリスクを個人の側に転嫁した一方、不透明な空間で恣意的な政策の運用をするという意味で、**図2**の第三象限のシステムがあちこちに現れたということになる。

5　小泉構造改革の帰結

小泉改革は成功したのか?

小泉構造改革は、結局二一世紀の日本に何をもたらしたのか。野口悠紀雄は、二〇〇三年から大規模な為替介入が行われ、円安が維持され、輸出企業の収益が増加したことを指摘している。また、日本円で資金を調達し、それをドルに換えてアメリカに投資する円キャリー取引が広がった。この時期、日本のメーカー、特に電機産業は国内に大規模な工場を建設した。一時的な製造業の活況について、野口は次のように分析している。

問題は、日本の製造業に創造的な側面が失《う》せて、「コモディティ」（誰にでも作れるため、価格しか差別化要因がないような製品）しか作れなくなったことです。（『平成はなぜ失敗したのか』一三四頁）

二〇〇〇年代に、日本経済は輸出依存体質を強めた。そして、二〇〇八年のリーマン・ショックの際、日本の金融機関は不良債権を発生させていなかったが、欧米諸国の不況のあおりで輸出先を失い、一気に不況に陥った。製造業の会社が、派遣労働者の契約を打ち切り、大量の失業者が発生した。さらに、日本の電機産業は過剰な設備投資が重荷となり、身売りを迫られるケースも出てきた。

佐和も田中も、構造改革には成長力を強化すること、すなわち様々な分野のイノベーションが必要だと説いていた。しかし、小泉時代の経済政策は、円安という麻薬で製造業を生き延びさせただけで、イノベーションは起こせなかった。

イノベーションの源泉は何か。それは、人間の感性を揺さぶる情緒的な力と、人間の知性を刺激する知的な力であろう。佐和はこの点に関連して、アメリカの大学では芸術や音楽、文学など人文的な研究・教育が重視されていることを強調している。日本の大学改革は、短期的に利益を上げる実学ばかりを優遇し、人文学を冷遇した。知的、情緒的な力の源泉を断ち切ったのである。国立大学の法人化は研究環境の劣化をもたらし、大学研究者の常勤ポストは減って、外部資金による時限付きのポストが増えた。その結果、若い人々にとっては、研究者という職業を選択することのリスク、つまり食いはぐれることの危険は極めて大きくなっている。これでイノベーションを起こせというのは、インパール作戦の発想である。

金の使い方を知らない日本

かつて、世界第二位の経済大国だった日本には、一九世紀イギリス、二〇世紀アメリカのように、知や芸術の花を咲かせる力があったはずである。しかし、日本の政府も企業も、稼いだ金の使い方を知らなかった。エコノミストの三國陽夫《みくにあきお》は、『黒字亡国』（文春新書、二〇〇五年）において、日本が得た貿易黒字がアメリカに再投資され、アメリカの過剰消費を支え、日本人の幸福に役立っていない構図を明らかにした。そして、富を有効に使う方法として、互いに贈与し合うこと、生産活動に直接関係ない思索する人（宗教家、学者など）を養うことを挙げている（同書、一四九頁）。広い意味での文化の力を高めることが、脱工業時代の経済にとっても必要であった。

小泉時代、不良債権処理は一応完了した。しかし、野口が言うように、日本はバブルから教訓を学んでいなかった。目先の利益だけを追いかける、状況に流され自分で物事を深く考えようとしないといった行動様式は不景気の時代にも続いた。第五章で説明した「無責任の体系」という日本社会の「構造」は生き続け、その病理と罪業は、福島第一原発事故、製造業や建設業の現場におけるデータ改竄《かいざん》などの際に明らかにされることとなる。

第七章　民主党政権は何をしたのか

民主党（当時）による政権交代のときの国民的な熱狂の記憶は遠ざかる一方である。不幸なことに、戦後日本における唯一の総選挙による政権交代の直後に東日本大震災が勃発し、政権交代の記憶は大震災による国民的受難と結びついてしまった。しかし、民主党が進めようとした政策転換には、今日の人口減少や社会・経済の活力低下を解決するために有意義なものもあった。本章では、二〇〇九年の民主党政権が経済政策の転換について、何をしようとし、何ができ、どのような点で失敗したのかを論じる。そのことは、依然として日本の立て直しのために不可欠の作業である。

1　小泉構造改革の弊害と民主党の「生活第一」路線

民主党の政権構想

まず、二〇〇〇年代前半の小泉構造改革がどのような問題をつくり出し、当時、政権交代を目指していた民主党がどのような政策構想を持ったかを明らかにしておきたい。前章では、小泉構造改革において雇用の規制緩和が特に重視されていたことを説明した。その負の効果が実感されるようになったのは、二〇〇〇年代の半ば以降であった。雇用の規制緩和と貧困・格差問題の発生について、最初に批判したのは、エコノミスト、鈴木淑夫《よしお》であった。鈴木は**図7-1**（一七八頁参照）のデータに基づいて、企業収益の増加が賃金上昇に結びつかなくなったという変化を明らかにした。

戦後最長景気といわれるこの六年間（内閣府の認定では〇二年二月から〇七年一〇月までの六九か月）の経済成長の中では、輸出が伸びているにも拘らず、国内需要は回復せず、好循環に火が着かなかった。（中略）企業の経常利益（全産業）は、〇二年からどんどん回復しているが、雇用者報酬（勤労者の所得）は〇四年まで下がり続けた。（中略）マクロ経済の需給が改善し始め、「三つの過剰（債務、労働力、設備の過剰：引用者注）」が解消した〇五年から緩やかに回復し始めたが、その水準は〇一年以前の水準にも戻っていない。つまり、輸出増加が内需拡大に火を着ける好循環の鎖が、企業収益の増加から勤労所得の増加につながる所で切れているのだ。（『日本の経済針路』岩波書店、二〇〇九年、五九～六〇頁）

一九九〇年代後半、日本の金融危機やアジア通貨危機のころまでは、企業収益と勤労所

図 7-1　経常利益と雇用者報酬の推移

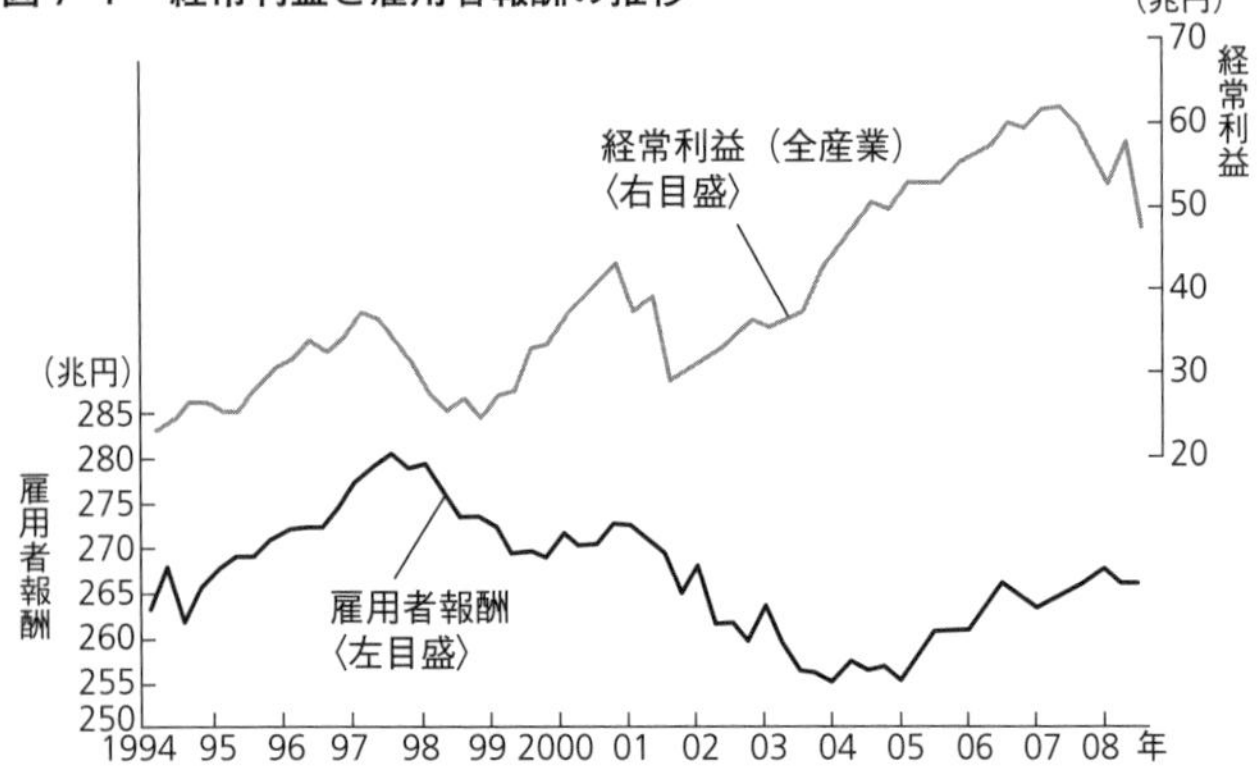

出典：内閣府「四半期別GDP速報」の雇用者報酬、財務省「法人企業統計調査」の経常利益
鈴木淑夫『日本の経済針路』を基に作成。

得の間には、正の相関関係が存在した。会社が儲かればこそ給料が上がるからこそ、人々は会社に忠誠心を持って勤勉に働いた。しかし、二一世紀に入ると、両者の関係が負の相関関係に逆転した。その理由は、九〇年代末から企業が正社員の削減、非正規雇用者の増加によって賃金コストを固定費から変動費に切り替えたことであった。それを可能にしたのは、雇用の規制緩和であった。会社が儲かっても賃金が上がらないのではなく、賃金を上げないからこそ会社が儲かるようになったのである。

正社員中心の日本的経営からの決別は、日本経営者団体連盟が一九九五年に発表した「新時代の『日本的経営』」という文書で、すでに大企業の意思として明らかにされていた。その後の規制緩和は、この方針を具体化したものである。小泉政権時代には、それを「構造改革」と称賛した。

市場原理主義への対抗軸

二〇〇五年九月の郵政民営化総選挙の後、市場における無軌道な利益追求が、雇用の不安定化や賃金低下などの害悪をもたらすようになったことを、人々は次第に理解するようになった。そうした世論の変化をもたらしたきっかけとして、例えばＮＨＫスペシャル『ワーキングプア』（二〇〇六年七月二三日放送）というテレビ番組があった。

政権交代を目指していた民主党は、二〇〇五年の選挙で大敗し、方向喪失に陥った。選挙敗北の責任を取って代表を退いた岡田克也に代わって、前原誠司が代表に選ばれた。前原は当初、小泉政権と同じ方向を向いて改革競争をすると言い、経済環境の変化や野党の役割を全く理解していなかった。

二〇〇六年二月、衆議院予算委員会で民主党議員が、社内メールとされる文書を基に、証券取引法違反で起訴された堀江貴文ライブドア元社長が、自民党の武部勤幹事長（当時）の次男に巨額の送金を行ったと追及した。この文書は偽造されたものと判明し、質問をした議員は辞職し、前原も責任を取って代表を退いた。この事件自体は不幸な結末となったが、民主党が路線を転換するうえでは重要な転機となった。
前原に代わって、小沢一郎が代表に就任した。小沢の下で、民主党は新自由主義から社会民主主義に大きく転換した。私自身も、小沢が代表に就任する半年ほど前から、小沢に政策提言をする機会があり、この転換を推進した者の一人であった。小沢が代表に就任する前、二〇〇五年九月の総選挙をはさんで、私は当時副代表の小沢と二度対談し、それが民主党の機関紙に掲載された。その中で、民主党の路線について次のように述べた。

山口　要するにアメリカ型の政府の役割を小さくし、プラス・マイナス含めて市場メカニズムを中心に世の中を運営する路線と、西ヨーロッパの多くの国々のようにセーフティ・ネットを用意して、最低限の国民の生活を確保して、その上で競争していく、その二大政党制が世界的には一般的ですよね。
小沢　僕の二大政党論もそうです。アメリカ型の強い者が勝てばいい、という類の発想はとる必要もないですから。小泉的な手法、イコールたんなる官僚統制だけが強まる結果、何が国民にもたらされるかは、もうわかり切っています。（『月刊民主（Press Minshu)』二〇〇五年一二月九日号）

私は意外にも、小沢と意気投合した。小沢は、一九九三年刊行の著書『日本改造計画』のころは、小さな政府と自己責任路線の旗頭であった。しかし、その後の小泉構造改革がもたらした社会経済の荒廃を見て、セーフティネット強化の路線に転換した。世の中の動きを観察しながら、何が一番重要な政策かを見極め、結果として変節することは、政治家として悪いことではない。

ただ、社会民主主義とは、日本では誤解を招きやすい言葉であった。社会民主党（旧日本社会党）という政党が存在するが、この党の最大の主張は憲法九条の擁護であった。そこで私は、政府が積極的な支出をすることで国民の生命、生活を支える政策について、生活重視とか生活本位という言葉がよいのではないかと小沢に提案した。「政治とは生活だ」という言葉は、小沢の師匠であった田中角栄のモットーだったそうで、小沢は「国民の生活が第一」というスローガンを打ち出した。

小沢が代表に就任した直後、二〇〇六年四月に衆議院千葉七区で補欠選挙が行われ、民主党の若手女性候補が、「負け組ゼロ」というスローガンを掲げて、予想外の勝利を挙げた。これにより、選挙に強いという小沢の威信は高まった。

それ以後、小泉退陣後の自民党が混乱に陥ったのに対して、民主党は政権交代に向けた準備を進めていった。そして、〇七年の参議院選挙では、民主党が六〇議席を獲得し、参議院の第一党となった。いよいよ政権交代は目前に迫ったという感じであった。

2 民主党政権の経済政策

経済政策の新機軸

二〇〇九年の衆議院選挙に向けて、民主党はマニフェストを打ち出した。その柱は、一五歳以下の子ども一人月額二・六万円の子ども手当、公立高校の無償化、農業者の戸別所得補償、高速道路無料化など、給付の拡大であった。民主党の新機軸となる政策の意味については、私が今まで使ってきた図式で説明できる。

繰り返しになるが、**図2**（四五頁参照）に沿って政策の基本型を大雑把に整理すれば、「1．自民党・官僚による裁量的利益配分（第二象限）」「2．小泉構造改革によるリスクの個人化と縁故資本主義（第三象限）」「3．民主党政権による普遍的政策による生活支援（第一象限）」という三段階に分類できる。経世会の政治家や官僚が差配した補助金配分や税の減免が腐敗や無駄を生み出したことへの反発から、小泉構造改革が一時期、大きな期待を集めたが、前述のとおり、それが自己責任社会の創出を意味したことを人々はようやく理解して、民主党政権への期待につながった。民主党政権の生活支援策は、一定の基準に基づいて直接個人に現金・サービスを給付することを基本としていた。

私自身は、民主党の議員の勉強会などで、この話を繰り返してきた。しかし、党全体でそのような理念が共有されたかと言えば、あやしいものであった。

一つの問題は、党内政局の要素であった。二〇〇七年の参院選勝利で、小沢の指導力は絶大となった。しかし、二〇〇九年三月に、小沢の政治資金収支報告書をめぐる問題で秘書が起訴され、小沢は政権交代目前の同年五月、代表を退かざるを得なくなった。小沢との距離感をめぐる党内亀裂はこのころから生まれた。その亀裂は、小沢のモットーとなった「生活第一」についても生じたように思う。小沢の後を受けて代表に就任した鳩山由紀夫は、小沢時代の政策を引き継いで、政権交代に向けたマニフェストをつくった。しかし、小沢と距離を保っていた菅《かん》直人《なおと》、岡田克也、仙谷《せんごく》由人《よしと》などのリーダーは、従前から財政のバランスを重視する発想を持っていた。その点は、鳩山退陣後の民主党政権の政策に反映されることとなる。

民主党に与えられた様々な知恵

もう一つの問題は、小泉政権にとっての竹中平蔵、第二次安倍政権にとっての浜田宏一のような理論的なブレーンが、民主党政権には存在しなかったことである。新自由主義を批判する多くの学者、エコノミストが民主党政権に期待して、政策提言を行った。国民生活重視で給付を広げることについては基本的な合意があったが、目指すべき将来像や重点を置くべき政策について、微妙な違いがあった。代表的な論者が民主党政権に期待したことを紹介してみたい。

鈴木淑夫

鈴木は日銀理事を経て、新進党、自由党の衆議院議員を務めたエコノミストであった。その政治的経歴から、小沢に近い考えを持っていたと推察される。鈴木は、レーガン元米大統領とサッチャー元英首相の経済政策を評価しつつ、小泉構造改革については、供給力強化の成果を上げられない言葉だけのものと批判している。その点で、民間部門の強化と小さな政府という理念を是としている。他方で、「国民生活の向上に密着した国内需要の持続的増加」が今後の日本経済を引っ張る原動力になるべきと述べる（『日本の経済針路』一四五頁）。また、先に紹介したとおり、企業収益の増加が賃金上昇に結びつかないことへの批判は明快である。そして、温暖化対策のための投資拡大、医療・介護・教育のための投資拡大によって、雇用拡大と賃金上昇を図るべきとする（同書、一四六頁）。

伊東光晴

伊東は正統派のケインジアンである。伊東は、民主党政権が個人への給付金によって国内消費を増やそうとする政策を支持する。また、自民党政権が進めてきた公共投資を削減することも支持する。さらに、小泉時代に進んだ雇用の規制緩和を撤回し、職業紹介を政府の事業に戻すことや、九〇年代以来自民党政権が進めてきた景気対策としての減税を批判し、民主党は税制の正常化を図るべきと主張する。その内容は、所得税の累進性の強化、消費税の付加価値税への改革（インボイスによる税負担の転嫁の明確化）であり、将来消費増税を検討することも不可避と考える（『政権交代の政治経済学』岩波書店、二〇一〇年、四五〜四九頁）。

金子勝

金子は、小泉構造改革に対する最も雄弁な批判者であった。金子もセーフティネットの強化を主張する。医療・介護などの健康分野での雇用創出の主張は他の学者と同じである。また、金子は新たな産業の育成を通して、日本経済の成長力を回復することを主張する点で、進歩派の経済学者の中で異彩を放っている。金子は三・一一の前から、原発からの脱却、再生可能エネルギーの普及によって地方に産業と雇用をつくり出すことを主張していた（金子勝・武本俊彦「鳩山政権『新成長戦略』は国民への裏切りである」『世界』岩波書店、二〇一〇年三月号）。

小野善康《よしやす》

小野もケインジアンであり、菅直人のブレーンであった。ただし、小野は資本主義の変質を重視し、かつてのような経済成長は今後実現できないと考えた。その理由は、人々が高度成長期のようにモノを欲しがるのではなく、貨幣をため込むことを欲するようになったことである。個人が需要を増やさない以上、政府が社会全体の需要に応えて、医療・介護・教育・文化などの財・サービスを供給することを主張する。また、そのための財源として、個人がため込んでいる貨幣を吸い上げるためには、増税も必要と考える（『資本主義の方程式』中公新書、二〇二二年）。ここで紹介したのは小野の最新刊であるが、主張そのものは民主党政権時代から継続している。

民主党政権の政策的混迷

このように、民主党政権は、シンパシーを持つ学者から様々な提言を受けていた。民主党の経済政策面での使命を整理すれば、次のようになる。まず、二〇〇八年に起きたリーマン・ショックに伴い景気刺激策を取ることは必須であった。また、不況に伴う税収の落ち込みも大きくなり、新政権の政策を実現するための財源確保も一層難しくなった。

国民の消費を喚起することで内需を拡大し、経済を立て直すという路線について、政権の政治家自身にも学者にも合意はあった。また、そのために国民に対する現金給付を拡大するという新機軸にも賛成が集まった。当面の景気対策については合意が存在したが、バブル崩壊以後の長期停滞に対して、次の日本経済のイメージをどう描くかという問題については、いくつかのアイデアがあった。第一は、鈴木淑夫が考えるように、供給能力を強化して、経済を成長軌道に乗せるという路線であった。

第二は、金子勝が説くように、再生可能エネルギーを中心に新技術を開発し、成長を引っ張る主導部門をつくるという構想であった。ただし、そのためには電力会社の地域独占の打破、発送電の分離という既存の電力業界の秩序を根本的に変える必要があった。民主党を支持する市民の間には、環境制約を重視し、広井良典が唱える脱成長を受け入れる声も存在した。しかし、金子は成長の必要性を重視し、環境の持続可能性を高め、地域格差を縮小するような新産業の育成を説いた。

第三は、小野善康の言う、成長そのものを目的としない新しい資本主義を目指す路線である。小野は、豊かな社会が達成されて、人々が需要を持たなくなることに対応して、政府が需要をつくり出すことを重視し、そのためには増税も必要と主張する点で、政治的には困難を伴う政策を提示した。

鳩山政権は、一方で、大きな政府の方向において、子ども手当の半額（一人一・三万円）実施、農業者の戸別所得補償の開始などで給付拡大を実施し、温室効果ガス削減のための環境税の導入の検討を始めた。他方、小さな政府の方向において、事業仕分けによる無駄な財政支出の削減、国家公務員給与の抑制、退職金の削減、公共事業の見直しを進めた。

民主党は九〇年代後半から官僚による無駄遣いを批判してきたので、政権交代によって無駄の削減を実践することも当然であった。問題は、民主党が大きな政府と福祉国家を目指すのか、小さな政府を目指すのか、理念のレベルで腰を据えられなかった点である。

3　理念と指導力の不足

バラマキは悪か？

岸田文雄政権が「異次元の少子化対策」を唱え、与党から児童手当の所得制限撤廃の声が出る現在においては、民主党政権が進めた個人への給付拡大という政策について、超党派的合意が存在するように見える（二〇二四年二月、一二月支給分から所得制限をなくし、高校生まで対象を拡大することを閣議決定）。それゆえ、民主党は確信を持って、時代を先取りすると言うべきだったのだが、政権を担った当時、国民や野党を説得できるほどの迫力はなかった。当時の野党であった自民党は、子ども手当、公立高校の無償化、農業者の戸別所得補償を「バラマキ3K」と呼んで、攻撃した。

伊東光晴は、この点について次のように書いた。

家計への直接支援をバラマキと言って批判する主張も多いが、従来の政策は公共投資のバラマキであり、バラマキに変りはない。両者の違いは選択基準の違いである。

（『政権交代の政治経済学』一二頁）

バラマキの意味は何だろうか。多くの国民に現金・現物を給付することをバラマキと言うなら、義務教育も、医療・介護への補助も、社会政策に関する政府の給付の大半はバラマキである。日本最大のバラマキは、子ども手当ではなく、年金である。基礎年金の財源の半分、約一〇兆円余りは税金である。高齢者は自分の積み立てた掛け金だけではなく、税金から年金を受け取っている。高齢者を社会で扶養するために税金で年金の一部を支給するのが正しければ、子どもを社会で扶養するために同じく税金で手当を支給して何が悪いということになる。伊東の議論に付け加えるなら、自民党政権が続けてきたバラマキは、裁量的な政策によるバラマキであり、パターナリズム的な上下関係を伴った。だから、補助金や税の減免を受ける側は、ばらまいてくれる政治家と官僚に恩義を感じ、政治献金や天下りの受け入れなどで恩返しをした。こうした利益のやり取りが、政治や行政の腐敗をつくり出してきた。民主党のバラマキは、ルール・基準に則《のっと》った公明正大なものであり、助けを必要とする人々に公平に恩恵を及ぼすところに特徴があった。給付を受けることは権利であり、政府と国民の間に権威主義的な上下関係をつくることはない。

助けを必要としない富裕層に対しても給付を行う点をバラマキと呼ぶ議論もあった。しかし、子ども手当は親ではなく、子どもに対する給付であった。また、所得制限を設定すれば事務作業が煩雑になり、余計なコストがかかる。一律に給付したうえで、富裕層に対しては所得税で調整するという方法が簡便であった。

しかし、残念なことに、野党からのバラマキ批判に対して、民主党政権からは堂々とした反論が聞こえてこなかった。生活支援のための給付拡大について、理念、理論のレベルで、党全体に方針が共有されていなかったと言うしかない。

もう一つの問題は、民主党政権が政治主導をうたいながら、本来の意味での指導力を発揮できなかった点である。民主党政権は、自民党が続けてきた利益配分政策を廃止することを主張してきた。最も重要なテーマの一つは、租税特別措置の見直しであった。自民党政権の下では、党税制調査会が様々な業界に対する税の減免を配分することが繰り返されてきた。特に、長年党税調会長を務めた山中貞則の影響力は絶大とされた。

当時財務副大臣を務め、税制を担当していた峰崎直樹（参議院議員・当時）に私が独自インタビューを行った際、租税特別措置の撤廃をめぐる民主党の動きについて興味深いエピソードを語ってくれた。山中貞則の地元、鹿児島県の和牛農家を支援するために、肉牛一頭当たり、売り上げから一〇〇万円を控除する特別措置が存在した。鶏や豚については、このような優遇措置はない。これを廃止しようとしたところ、農林水産省の政務三役や農村出身議員が猛烈な反対運動を展開し、阻止したというのである。

他にも、自動車関係、石油関係など業界ごとに特別措置があり、それぞれの業界の労働組合の支援を受けた議員が、特別措置の見直しをつぶすために動いた。また、環境対策のために化石燃料に課税する炭素税の構想も、石油、運輸などの業界の支援を受けた政治家の抵抗で骨抜きにされた。政権を取ると、民主党にもにわか族議員が現れたわけである。民間部門の産業別組合は、いわば裏の業界団体として、それぞれの業界の利益を政策形成過程に伝達し、それなりの抵抗力を発揮したのである。

このエピソードは、民主党の言った政治主導の限界を物語っている。民主党は政治主導を実現することを官僚との関係で考えていた。そして、閣議の前に開かれていた事務次官会議を廃止する、各省の政務三役の会議から官僚を排除するなど、政治家が物事を決めるための形を整えた。しかし、官僚に対して威張ることが政治主導ではなかった。官僚が抱える既得権は業界団体の利益であり、既得権を撤廃するためには、官僚組織だけでなく、その背後で利益にしがみつく業界団体、労働組合、農協などを説得することが不可欠であった。政治主導の力は、選挙のときに応援してくれる団体に対しても発揮されなければならなかった。しかし、多くの民主党議員は、団体の利益を擁護し、政治主導に立ちふさがったのである。

また、鳩山政権は、二〇〇九年一二月に、「経済政策不在」という経済界や一部メディアの批判におびえ、付け焼き刃の「新成長戦略（基本方針）」をつくった。それについては、金子勝らが厳しい批判を加えている。

この『新成長戦略（基本方針）』の内容は、とても戦略と呼べる代物《しろもの》ではない。その具体策は関係府省が持ち寄った案をまとめただけであり、福田政権や麻生政権などが出した「成長戦略」の焼き直しとなっている。何よりこの『新成長戦略（基本方針）』が問題なのは、民主党がマニフェストやその基になったINDEX2009で掲げた重要な政策や理念がほとんど反映されていないことである。（金子・武本「鳩山政権『新成長戦略』は国民への裏切りである」一五一頁）

さらに、菅直人政権は、参院選直前の二〇一〇年六月に「経済成長戦略」を閣議決定した。これについては、伊東光晴が同様の厳しい批判を加えている。

菅内閣の六月一八日の閣議決定は、再度同じ愚をくりかえしている。その内容は、経済産業省がつくった「産業構造ビジョン」（六月公表）であり、経団連の要望が幅広く盛り込まれているといってよい。その最たるものが、法人税の五％引き下げであろう。（『政権交代の政治経済学』一七九頁）

伊東は、こうした民主党の政策的ふらつきを、「政策の自民党化」と呼んだ。当時の経産大臣は、自動車総連（全日本自動車産業労働組合総連合会）出身の直嶋正行参院議員であり、経済界は民間大労組経由で民主党政権の経済政策に影響力を行使したと言うことができる。

政治主導の大前提として、政治指導者が明確な意思を持つことが必要である。例えば、小泉純一郎は自民党経世会と喧嘩をするという明確な意思を持ち、郵政民営化問題でそれを実践し、高い支持を受けた。

政権交代の当初においては、鳩山政権の閣僚や党幹部に自民党政権にはできないこと、およびマニフェストに書き込んだ政策を実現するという意思がみなぎっていた。しかし、小沢幹事長の政治資金問題が再燃して、党の側の司令塔が機能低下し、鳩山政権が普天間基地移設問題で失敗して、民主党政権の政策能力に対する疑念が広がった。

　そうした政治的環境の変化を受けて、鳩山の後を継いだ菅政権は、自民党政権と同じことをすることによって政策能力を示すという道を選んだ。自民党と喧嘩をする意思を失ったことで、民主党は国民の期待を裏切ったと言わざるを得ない。

4　消費税率引き上げと民主党政権の失速

菅直人の錯誤

　二〇一〇年七月の参院選で民主党は敗北し、参議院での過半数を失った。これによって、自民党が法案に対して拒否権を持つようになり、民主党は独自政策の展開ができなくなった。その敗因は、菅が消費税率引き上げを選挙公約にしたことである。

　鳩山政権の最初の財務大臣を務めた藤井裕久《ひろひさ》が体調不良を理由に退任した後、二〇一〇年一月、菅が財務大臣に起用された。菅は就任直後、カナダのイカルイトで開かれたG7財務相・中央銀行総裁会議に出席し、ギリシャをはじめとする南欧諸国の財政危機に先進国が大きな危機感を持っていることを痛感した。この時期、日本の国債累積額は先進国の中で最悪であり、日本も財政健全化に向けて取り組みを始めるようにという先進国の圧力を感じたと、菅は私のインタビューで語った。また、当時、自民党が消費税率の引き上げ（一〇％）を検討することを明らかにしていた。菅は、自民党に抱きつく形で、消費税率引き上げによる財政健全化について、超党派的な合意を形成することを狙った。

国の将来を左右する税制改革について超党派的合意を形成したいというのは一つの見識ではある。しかし、菅の提案は周到な準備を欠いたものであった。参院選の選挙戦の中で、増税提案が国民の反発を招き、菅は慌てて低所得層に対する税の還付を訴えたが、還付を受けられる所得基準額が二転三転し、さらに反発は強まった。

菅に消費税率引き上げを言わせたのは、財務官僚の指金ではないかという解釈もある。しかし、仮に官僚が糸を引いていたのであれば、もう少し周到な案が出されたはずだ。また、政治的実現可能性を重視する財務官僚にとって、選挙直前に唐突に消費増税が提案されれ、選挙で国民がそれを拒絶するというシナリオは迷惑千万であった。良く言えば菅の使命感、悪く言えば思い付きによって、消費税率引き上げが提案されたというのが真相である。

この点に関連して、峰崎は、菅が首相に就任した直後に、消費税率引き上げに向けた政治戦略を持っていたことを紹介している。菅は、首相就任の記者会見前に財務省の政務三役を総理大臣室に集め、消費税率引き上げの構想を示した。

「（菅が野田に言ったことは）消費税を一〇％に上げると自民党が公約を出しているので、一〇％と言うかどうかは別にしてそれを参考にする」と話したということです。そして、選挙が終わったら、税・社会保障改革案をつくり上げて、二〇一一年三月の予算に向けて、消費税引き上げ法案をつくって自民党に投げかける。それで彼らが賛成してこなかったら、われわれは解散総選挙を打ってもいいと。（筆者による峰崎直樹へのインタビュー）

峰崎の説明によれば、菅の発想においては財政健全化という政策論と、次の解散で自民党を追い込むという政局論が渾然一体となっていた。政権交代が起きたとき、民主党政権をなるべく長く持続して、予算編成を三、四回行えば、自民党は壊滅状態に陥るという予想が政治家や評論家の中で語られた。そのためには、菅政権の登場でV字回復した政権支持を保って、参院選でも安全運転を図るべきという考えが民主党の中では多数派であった。

菅の政治的冒険は参院選の敗北と、民主党内の深い亀裂という大きな打撃をもたらした。

参院選直後の九月に、民主党代表選挙が行われた。菅の増税路線に反発した小沢と鳩山が連携し、この選挙は菅と小沢の一騎打ちとなった。国会議員の票はほぼ二分されたが、サポーター、地方議員の票で菅が差をつけ、かろうじて代表の座を守った。しかし、この代表選挙は小沢と反小沢の対立を決定的にした。そして、政権交代の際のスローガンだった「国民の生活が第一」も、小沢の政策というイメージが広がった。ねじれ国会で法案成立に自民党の合意が必要となったことも相まって、民主党の政策的基軸は不明となった。

三・一一と民主党政権の終わり

東日本大震災と福島第一原発事故は、菅を覚醒させた。震災前につくった成長戦略では、原発依存度の拡大をうたっていたが、原発事故を契機に、菅は脱原発、再生可能エネルギーの拡大に強い意欲を持った。しかし、党内の抵抗と自民党の対決姿勢にはさまれて、菅政権は二〇一一年夏に退陣を余儀なくされた。再生可能エネルギーの固定価格買い取り制度（FIT）の実現が、菅政権の政策的遺産となった。

菅の後継を決める代表選挙でも、小沢と反小沢の対立構図は繰り返された。小沢グループは海江田万里《かいえだばんり》を立て、反小沢側は最初の投票で二位になった野田佳彦に支持を集め、決選投票で野田が勝利した。野田は、自民党、公明党との協力により消費税率を引き上げることを最大の課題とした。三党合意によって税制改革が実現すると、野田は二〇一二年一一月に衆議院を解散し、民主党政権は三年余りで終わった。

小沢は消費増税に反対して、民主党を離党し、新党を結成して総選挙を迎えた。民主党が分裂しては、自民党が勝利するのは必然であった。民主党が生活第一を理念として共有していたならば、給付を拡大する一方で、安定財源の確保についても議論を深めるという姿勢も共有されたはずである。悪者探しをしても仕方ない。消費税を政局のネタにした小沢にも、税率引き上げが国民に対する政策的恩恵をもたらすことを十分に説明しなかった菅、野田にも問題があった。国民が費用を負担しつつ、福祉国家の政策を享受するという新しいモデルを実現できなかったのは、痛恨事であった。

政策的合意が形成されなかったことは、民主党自体の分裂と表裏一体の現象であった。政党政治には周期というものがある。政権交代可能な政党システムを定着させるためには、選挙で敗北して下野した党が野党の地位にあっても臥薪嘗胆《がしんしょうたん》の年月を過ごし、政権獲得の機会を待つ忍耐力を持たなければならない。九〇年代前半の政治改革、政党再編においてモデルとされたイギリスでは、十数年に一度くらいの頻度で政権交代が起きている。政権を失った側の政党はしばらく再起不能という否定的なイメージで見られる。また、野党の地位にある間には、人気を上げるためにリーダー選びをめぐって党内対立も起きる。一九九七年以後の保守党も、二〇一〇年以後の労働党もそうであった。

しかし、負けた側がともかくまとまって政府与党と戦い続けていれば、いつかはチャンスが来る。政治家、政党は無謬《むびゅう》ではないので、政策の失敗や腐敗を起こし、国民が変化を望む時が必ず来る。その時には、まとまった数の議員を擁する大きな野党が存在することが、国民の選択の機会を担保する。

イギリスでは二〇一〇年以来保守党政権が続いているが、各種の世論調査によれば、二〇二四年中に行われる次の総選挙では労働党が勝利して政権交代を起こすことが予想されている。政権交代可能な政党システムの樹立は、民主党を支えた指導的政治家が共通して唱えていた理想であった。しかし、政権の座にありながら党を分裂させることは、それに逆行する愚行であった。ここで誰が悪いかという議論をしても仕方ない。二〇〇三年に当時の民主党と自由党を合併して政権を担える民主党をつくったのと同じように、軸となる野党をつくることは急務である。

第八章　アベノミクスと戦後日本の終わり

過去五〇年にわたる日本の社会経済システムの改革をめぐる議論を検証する作業も、最終章となった。本章では、二〇一三年から始まり、今日に及ぶアベノミクスを取り上げる。第二次安倍晋三政権の経済政策は、菅義偉、岸田文雄の二つの政権にも引き継がれているので、この一〇年の政策をまとめてアベノミクスと呼ぶことにする。

安倍晋三という政治家は、自民党右派や保守的な市民にとってのアイコンであった。また、私のようなリベラル派にとっても戦うべきアイコンであった。ここまで国民を二分した政治家は珍しい。また、安倍は日本の憲政史上最長の政権を継続させた。そして、退陣後は選挙の応援演説中に暗殺されるという悲運に見舞われた。劇的な生涯を送った政治家であった。

安倍が長期政権を達成した理由として、安倍政権の経済政策が支持を集めたことが挙げられるのは確かであろう。安倍政権がどのような政策を推進し、日本の経済・社会をどのように変えたのか、今冷静に振り返ることが必要である。

1　安倍政権への追い風

景気上昇と安倍政権

安倍は、日本憲政史上、最長の政権を持続した。このことは、幸運とそれを生かす能力の二つの要素によってもたらされた。まず、幸運の方から見ておこう。経済学者の高橋伸彰は、第二次安倍政権発足直後の水野和夫との対談において、次のように予言していた。

　化けるかもしれない。昨年（二〇一二年）一二月、安倍晋三氏が政権に復活した際に直感したことだ。景気の循環と政権の寿命を重ねてみると、不況期に誕生した政権は長期化する傾向がある。実際、長期政権となった歴代の首相、小泉純一郎、中曽根康弘、そして佐藤栄作は、いずれも就任時に景気が後退していた。（中略）
　ある意味で理由は単純である。不況のときに首相に就けば、それ以前の景気悪化の責任を問われることはない。くわえて、景気回復や経済再生を口実に大胆な政策を実行できる。（高橋伸彰・水野和夫『アベノミクスは何をもたらすか』岩波書店、二〇一三年、「まえがき」v頁）

安倍の場合、自民党内の権力移行ではなく、民主党からの政権交代だったので、前の政権の政策を否定することは一層容易であった。しかも、東日本大震災の記憶も生々しい時期であり、民主党政権は震災の受難の記憶と結びついていた。それゆえ、「悪夢の民主党政権」という安倍の挑発も、それほど反発を受けなかった。

期待水準の低下と安倍政治の評価

加えて、震災の衝撃を受けて、二〇一〇年代前半には、人々の世の中に対する期待水準が低下し、より良い社会をつくることに希望を持つのではなく、平穏無事に日々を生きることで良しとするという感覚が広がっていた。内閣府が毎年行っている「社会意識に関する世論調査」を見ると、興味深い民意が読みとれる。この調査については第一章で紹介したが、そこで取り上げなかった別の項目を見て、安倍政治を支えた民意について考えておきたい。

二〇一六年二月調査では、「社会において満足している点」という質問に対して、「良質な生活環境が整っている」という回答を選ぶ人の割合が、二〇一一年の三三・八%から、一二年に三四・〇%、一三年に三八・二%、一四年に四二・〇%と増加している。他方、「社会において満足していない点」という質問に対して、「経済的なゆとりと見通しが持てない」という回答を選ぶ人の割合が、二〇一一年の四六・〇%から、一二年に四五・二%、一三年に四一・七%、一四年に三七・一%と減少している。もっとも、一五年には四六・九%と増加している。賃金、税負担、社会保障給付などの具体的な指標において、二〇一二年末から一四年にかけて現実的な改善が起きたわけではない。変わっているのは人々の認識の方で、震災の衝撃で人々が史上稀《まれ》なくらいに「寡欲」になった瞬間に、第二次安倍政権は発足したのである。つまり、安倍政権の政策が人々の満足度を高めたのではなく、そもそも満足度を高めた人々が安倍政権の持続を許したと言える。

もちろん、そうした幸運を生かし、長期政権を樹立した安倍の政治的能力も認めなければならない。安倍は、二〇〇七年に不本意な退陣を余儀なくされた後、捲土重来《けんどちょうらい》を期して、準備を進めていた。二〇一二年秋の自民党総裁選挙で勝利した後は、民主党政権の崩壊が必至という状況の中で、政策転換の構想を練った。

安倍政権は、傍流の政治家と異端の経済学者の結合によって形成された。二〇世紀後半の自民党政治における主流とは、池田勇人《はやと》あるいは佐藤栄作の系譜に属するとともに、憲法路線では穏健・現実主義を取り、経済・財政運営について大蔵（財務）官僚と協力した政治家である。大蔵官僚出身者が多い宏池会《こうちかい》はもとより、田中角栄、竹下登も大蔵官僚と緊密に協力した。また、傍流出身の中曽根康弘も八〇年代には行政改革を進め、挫折したが大蔵省の悲願であった売上税の導入を図った。二一世紀に入って、清和会（旧安倍派）の天下が続いたが、小泉純一郎も改憲には無関心であり、構造改革路線で緊縮財政を進めた。

安倍は、その点で異質であった。安倍は、改憲は実現できなかったが、憲法九条の解釈を変更し、集団的自衛権行使を容認した。また、安倍の回顧録には、ほとんど陰謀論と思えるような財務官僚批判が吐露されている。

そうした安倍を支えたのは、本田悦朗《えつろう》や高橋洋一などの傍流の財務官僚OBと、浜田宏一、岩田規久男などの異端の経済学者であった。彼らの説は、リフレ理論と呼ばれる。日本銀行が金融緩和を進め、人々の期待インフレ率を高めれば、それに基づいて企業や人が現在の消費・投資を増やし、経済成長が実現するという考えである。

2　アベノミクスの政治的基盤

コントロール・フリークとしての安倍

傍流、異端の人々は、主流、正統に対して不満や怨念を持っているので、極めて攻撃的になる場合がある。安倍政権がまさにそうであった。経済政策面では、通貨の番人である日銀への不満から、その中立性を政治力によって破壊し、二〇一三年一月に政策合意を結び、さらには黒田東彦《はるひこ》総裁を送り込んで、日銀を政府の経済政策の道具にした。

これは経済政策に限ったことではない。安倍は、戦後政治の中で、歴代自民党政権がそれなりに敬意を持って、その独立性、中立性を尊重してきた公的機関に対し、選挙で勝ったという民意を背景に統制を強めた。まず、集団的自衛権行使を可能にするため、内閣法制局の長官人事に介入することで、憲法解釈を変えた。公共放送というたてまえの下で、中立的な報道を行ってきたNHKの会長や経営委員の人事に対する露骨な介入もあった。また、安倍退陣後、菅義偉は日本学術会議の会員任命に介入した。過去の、それなりに知的な自民党の政治家が中立的な機関の自立性を認めてきたことが、安倍たちにとっては主流の権威主義に映ったのであろう。

ここで注意すべきは、安倍や菅が中立的・専門的機関に介入する際に、自分たちが体現する「民意」を根拠にした点である。選挙で勝った安倍政権は民意から負託を得ているのだから、国民から選ばれていない専門機関の人事をコントロールすることは民主主義の実践だという理屈は、一見もっともに思えるかもしれない。しかし、民主主義という政治制度においては、民意が常に万能であると想定されているわけではない。有権者によって選ばれた権力者が法を無視し、権力を濫用する危険は、近代民主主義を論じた多くの思想家が指摘していた。だからこそ、統治機構の中に民意によって選ばれない専門的・中立的機関を組み込んで、統治権力の暴走をチェックすること、権力者に苦言を呈することが近代民主主義の国家機構では当然の原理となっている。
　権力分立原理が民主主義と結合したのも、そうした目的を実現するためであった。安倍や菅はこのメカニズムを目の敵にしたわけである。

テクノクラートの脆弱さ

　こうした専門機関への政治的攻撃にあって、専門性に基づく自立性を確保すべき政策エリートの多くは、誇りを失った。その代表例は、政治に屈服した日銀幹部である。異次元金融緩和を進めた幹部の一人、門間《もんま》一夫（元日銀理事）は朝日新聞の経済記者、原真人《まこと》のインタビューに、次のように語っている。

　日銀が全力を出してデフレに向けてできることを全部やりきる、というところまでいかないと、構造改革がより重要だという議論にもっていけません。「金融緩和が中途半端だから日本が成長しない」という間違った議論がなくならないからです。（中略）日銀の政策によって（物価目標の）２％になんかならないし、日本経済が良くなるなんて思っていませんでした。（原真人『アベノミクスは何を殺したか』朝日新聞出版、二〇二三年、二二四〜二二五頁）

総裁を選任する人事権を持つ内閣から強く迫られれば、断れないという事情もあるだろう。それにしても、うまくいかないとわかっている政策を一度徹底して行うというエリートの弁明は、負けるとわかっている戦争にあえて突入した、かつての日本海軍の指導者・山本五十六《いそろく》と同じである。政策の専門家として、無責任な態度である。

誰が安倍政治を支えたのか

安倍首相は、その長期政権の中で、主要な選挙での敗北は二〇一七年七月の東京都議会議員選挙だけで、国政選挙ではすべて勝利してきた。先に述べたように、それは政策に対する支持というより、人々の現状満足の反映であった。また、安倍時代の選挙では、投票率が常に低く、衆議院選挙で五〇％台の前半、参議院選挙では五〇％前後であった。ゆえに、自民党の小選挙区における絶対得票率（有権者総数の中の自民党投票者の割合）は二五％程度、比例代表では一七％前後であった。そもそも小選挙区制は、五一％を一〇〇とみなし、四九％をゼロとみなすという擬制の上に成り立っている。それを最大限利用したのが安倍政権であった。安倍政治は、熱心に支持する一部の人々と、政治に背を向けた有権者の半数とによる意図せざる協力によって支えられてきた。

同じ構図は、経済政策にも当てはまる。後で紹介するように、金融緩和と円安は輸出企業に大きな利益をもたらし、株価も上昇した。株や投資信託を保有する富裕層にとって、これは好ましい政策であった。また、実質賃金は停滞、ないし漸減を続けたが、二〇一〇年代後半には、大企業では二・五％の賃上げが実現された。大雑把に言えば、富裕層と大企業正社員という受益者によってアベノミクスは支持されたということになる。この受益者は、国民の中のどの程度になるだろうか。

水野和夫は、日本の個人株主は総人口の一一・六％だと指摘している（「資本主義の超克」第八回『ｋｏｔｏｂａ』集英社、二〇二三年夏号、一五二頁）。大雑把な推計だが、株主と大企業の正社員（およそ六〇〇万人）、およびその家族を合わせ、株主との重複を控除すれば、人口の二〇%程度になると思われる。安倍政治の受益者と支持者は、国民の二〇%程度と見ておけばよい。

政治の世界では、安倍は自分の支持基盤の構造を理解していた。幅広く緩やかな支持層を取り込むのではなく、少数のコアな支持層を確実につかみ、活性化するというのが安倍の政治手法であった。二〇一七年の東京都議会議員選挙の遊説の際に、自分を批判する市民に「こんな人たちに負けるわけにはいかない」と叫んだのは、そうした手法の典型例であった。昔、イギリスの保守党の政治家は「一つの国民（one nation）」というスローガンを掲げ、自党の支持者だけでなく、国民全体に奉仕するという哲学の下、労働党と福祉国家の理念を共有した。二〇世紀後半の自民党でも、ワンネーションの感覚を持つ指導者が続いた。池田勇人、佐藤栄作、田中角栄など、古き良き自民党の指導者は自民党を包括政党（catch-all-party）にした。しかし、それはもはや死語となった。森友学園や桜を見る会などをめぐる疑惑が露見しても、選挙で投票するのは有権者の半分だと見切っていたので、それらの問題について嘘をつき、情報を隠蔽して逃げ切った。

経済の世界で、実際にはアベノミクスの受益者と、賃金低下や消費税率引き上げにより生活苦にあえぐ人々に分断されることは進行した。その分界線が極めて可視的になれば、さすがに受益者ではない人々は怒るだろう。ゆえに、安倍政権は経済的な分裂を隠蔽し、後で紹介するように、国民向けのスローガンを次々と繰り出した。つまり安倍政治は、政治における分断の明確化と、経済における分断のあいまい化の組み合わせの成功によって長続きしたのである。

3 アベノミクスは何をもたらしたのか

誰のためのアベノミクスだったのか

安倍は当初、アベノミクスの中身として、金融緩和、財政出動、成長戦略の三本の矢を提唱した。財政出動は短期的なものであり、実際にアベノミクスがもたらした結果は、円安、輸出企業の収益増加と株価上昇、実質賃金の横ばいないし低下、日銀による巨額の国債購入であり、二%の物価上昇は達成されなかった。日本で物価上昇が始まったのは、二〇二二年のロシアによるウクライナ侵攻以後の世界的なインフレの中である。期待インフレ率を高め、賃金を引き上げ、需要を喚起してデフレ脱却＝成長を実現するというアベノミクスは失敗したというのが正当な評価である。普通の人々にとって深刻な問題は、**図**

図 8-1　デフレ突入後の実質賃金指数の推移（2015 年 =100）

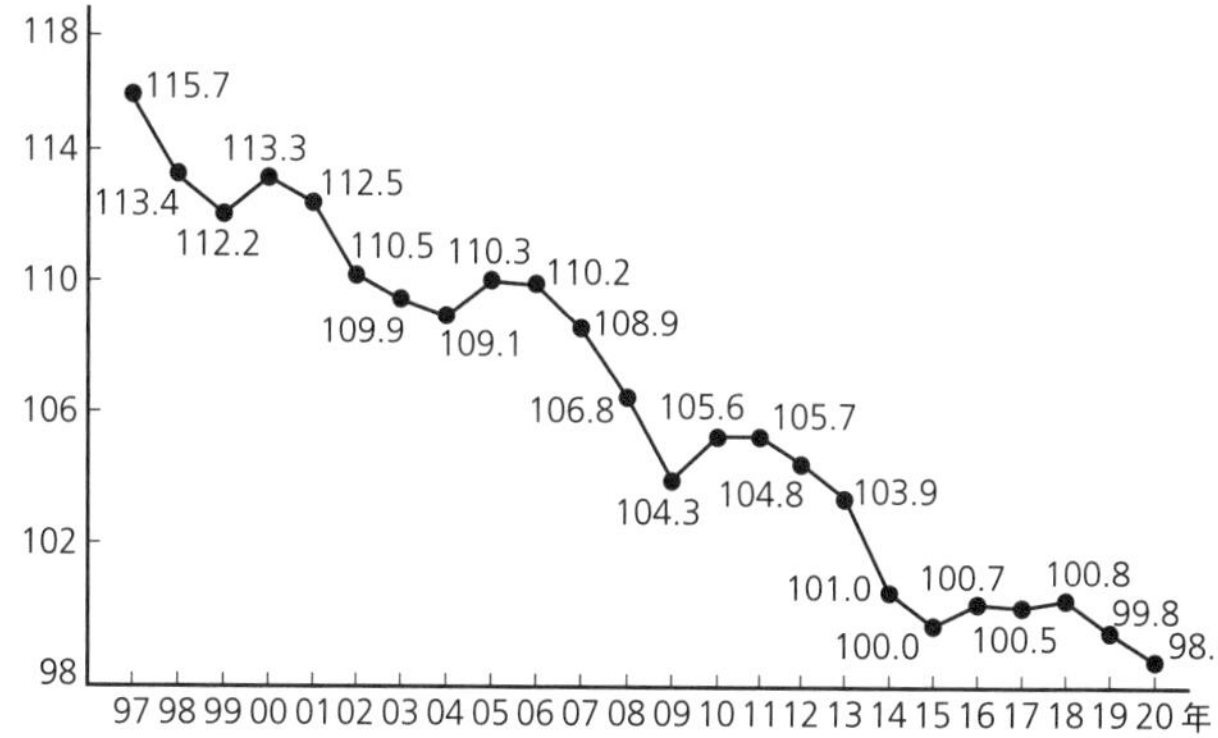

出典：厚生労働省の毎月勤労統計調査に基づいてJAM（ものづくり産業労働組合）が作成した資料。
https://www.jam-union.org/insight/2022/01/20/syuntou_data2/

8-1が示すような実質賃金の低下である。バブル経済が終わった後、実質賃金は低下を続けたが、二〇〇九年からの民主党政権時代は下げ止まっていた。こと、実質賃金に関しては、悪夢の民主党政権ではなく、悪夢の安倍政権である。実質賃金が低下するのだから、消費が増えるはずはない。アベノミクスの受益者は少数派だったという指摘は、このデータからも明らかであろう。

賃金が上昇しない構造については、高橋伸彰がいち早く次のように見通していた。

> 最近は輸出市場における競争激化を口実にして、人件費をはじめとするコストの引き下げで競争力を維持しようとする日本企業が増えています。雇用や賃金を犠牲にして、生き残

りを図ろうとしているのです。（高橋・水野『アベノミクスは何をもたらすか』四三頁）

グローバルな競争という呪文が、労働者に対する利益の配分を止める口実となったわけである。また、同じ対談で、水野和夫も興味深い指摘をしている。

新自由主義は結果責任の世界です。そういいながら、経営者は全く結果責任になっていない。部長以上は連結決算で配分し、従業員は単独決算にする。単独決算でやると、国内はみんな儲かりません。海外景気が好調で連結利益が増えると、一割ぐらいの経営幹部の人だけはその恩恵に与《あずか》る。結局、工場で働いている人たちの賃金は、全く上がらない。（高橋・水野、同書、五二頁）

今の大企業のほとんどは海外に展開している。グローバル化の恩恵は連結決算を通して経営幹部だけが受け取り、一般従業員は国内部門だけの利益から賃金配分を受けるため、グローバル競争という呪文の下で賃金が増えないという構図があるというのである。

アベノミクスという幻想

そもそも、アベノミクスとは、異なる立場の受益者の異なった幻想の束であった。初期の段階から、高橋は次のように指摘していた。

輸出企業の多い経団連などは、「脱デフレ」イコール「円安」と捉えているようにしか見えません。円安になれば良いのであり、二％のインフレ目標が達成されるかどうかは関係ない、という印象です。また、証券業界や機関投資家は株が上がり、証券取引が活発になれば良いのであり、インフレが生じなくても期待が盛り上がり、株価が傾向的に上がり続けてくれればよい。不動産業界も株高が地価に波及して、土地や住宅の価格が上がればよい……と、それぞれ考えているのではないでしょうか。（高橋・水野、同書、一四～一五頁）

つまり、政府と日銀がデフレ脱却を叫び、金融緩和と円安誘導を続けてくれることが、受益者の求めていたことであった。その意味で、アベノミクスは成功しない方が好都合だったのである。物価目標が達成されなければ、黒田日銀はいつまでも異次元金融緩和を続けられたからである。そして、一〇年間、受益者の要求は実現されてきた。

そうした偏った効果を持つ経済政策を国民に受け入れさせるには、異なった政治的術策が必要とされた。だからこそ、安倍政権は、アベノミクスを表現するスローガンを、「三本の矢」以来、その実績や成果を検証することなく、入れ替えていったのである。以下に、スローガンの変遷を紹介しておく。

二〇一三年　デフレ脱却
二〇一四年　地方創生　女性が輝く社会の実現　戦後以来の大改革
二〇一五年　未来へ挑戦する内閣　一億総活躍　GDP六〇〇兆円　希望出生率一・八　介護離職ゼロ
二〇一六年　働き方改革
二〇一七年　人づくり革命　生産性革命
二〇一八年　全世代型社会保障改革

これらは、およそ政策とは言えない。せいぜいのところ、願望の羅列である。当初のスローガンであった「三本の矢」のたとえを使えば、的を次々と新しく設定したが、肝心の矢、つまり具体的な政策手段がない。次々と新しいスローガンを打ち出して、仕事をしているふりをしただけである。

もちろん、異次元金融緩和が常態化することは、日銀に大きなリスクをもたらす。この点についても、高橋は次のように予言していた。

> 金融緩和で物価が上昇せずに株高だけが続くと、日本銀行はいつまでも金融緩和を続けることになる。市場は欲張りだから、簡単には金融緩和の解除を認めない。そうやって漫然と「もっともっと」の金融緩和の罠に日本銀行がはまると、民間銀行の保有国債が底をつくだけではなく、預金も流出して新規の国債を購入できなくなる恐れがある。そんな財政危機の火種を、日本銀行はせっせと埋め込んでいる可能性があるのですね。（高橋・水野、同書、三六頁）

異次元金融緩和という無間地獄

高橋の言うとおり、黒田日銀は、自ら金融緩和の罠に深くはまり込んでいった。しかし、財政危機、あるいは資金をめぐる政府と民間の競合（クラウンディングアウト）はまだ顕在化していない。

日銀は金融緩和によってマネタリーベース（市中に出回っているお金と日銀当座預金の合計値）を拡大し続けたが、マネーストック（経済に流通するマネーの残高）はほとんど増えなかった。これは、民間の資金需要がなかったためであった。いったん市中金融機関が引き受けた国債を日銀は購入し続け、二〇二三年三月末の国債発行残高の五三％余り、五七六兆円を日銀が保有している。市中金融機関がいったん引き受けたので、形の上では財政法第五条で禁止されている日銀の直接引き受けではないが、事実上の財政ファイナンスだと批判する説が有力である。そして、将来金利が上昇した場合には、日銀は保有する国債の値下がりにより、大きな評価損を抱えることになる。そのことが日銀券の信用にどのような悪影響を与えるかは、未知の領域である。

当初の三本の矢でうたわれた成長戦略についても、具体的な成果は上がっていない。新産業が育ったわけでもなく、むしろ、医薬や情報産業の分野で日本企業の衰弱が明らかになっている。ただし、安倍が言った「日本を世界で最も企業の活動しやすい国にする」という政策には、実現したものもある。経団連などの要望を入れて、法人税は、二〇一二年の二五・五％から、一五年に二三・九％、一六年に二三・四％、一八年からは二三・二％に引き下げられた。また、国家戦略特区制度で、多くの地域で多様な規制緩和が行われた。特にビジネスにとっては、東京を中心とする大都市圏で特区制度を使った都市再開発の規制緩和が行われたことが大きな恩恵であった。

ほとんど唯一、大企業の利益を必ずしも増進しない政策として、働き方改革がある。この政策には、高度プロフェッショナル制度（専門的能力を有し一定以上の賃金を得る者について労働時間規制を除外する）という経営側の要求に沿うものと、長時間労働の上限設定、有給休暇の取得義務化など、働く側の利益に資するものがある。この法改正によって、ワークライフバランスの実現に向けた変化が起きていることは、評価しなければならない。

他方で、この規制は、従来長時間労働に依存してきた運送、医療業界などの構造的限界を露見させる効果も持っている。二〇一九年四月に働き方改革関連法が施行（中小企業では二〇二〇年四月から施行）された際、建設、自動車運転、医師については、五年間の猶予が設定された。二〇二四年四月から一般の労働者と同じく、これらの分野にも長時間労働規制が適用されることになるため、二〇二四年問題として注目されるようになった。建設現場、トラック運転、病院の勤務医については、従来長時間労働が当然とされており、消費者（患者）のニーズは、現場職員の超人的頑張りによって満たされてきた。規制が適用されれば、サービスが大幅に低下することが懸念されている。

もはや、やりがい搾取のようなやり方は通用しない。この問題に社会の関心を集めたことは、働き方改革のもたらした意図せざる効果であった。

すべての分野で人間らしい働き方を実現するためには、待遇改善による人手の確保、医師の増員などの根本的な政策が必要となる。それこそが政治の課題である。

4 二一世紀後半に向けての課題

アベノミクスというノスタルジア

アベノミクスの功罪を検証することは、高度成長終焉以後の半世紀間の日本の迷走を検証することでもある。バブル経済終焉後の長期停滞の中で民主党政権が誤った方向に政策を進めようとしたことで、日本が先進国の地位から滑り落ちるという危機感を持って、安倍は政策転換を進めたのであろう。安倍が政権を奪還するときに唱えた「日本を取り戻す」というスローガンからは、「かつての経済大国の夢よ、もう一度」という思いが伝わった。これは、あの時代を知る世代の共感を呼ぶつもりだったのだろう。しかし、人口減少、女性の生き方の変化など、社会構造の変化は明らかである。それを受け入れて、「女性が輝く」とか「一億総活躍」といった、一見進歩主義的なスローガンも取り入れたのであろう。

アベノミクスには様々なキャッチコピーが貼りつけられただけで、統合的な世の中の形は明らかにならなかった。そのことの大きな理由として、安倍および安倍を支えた自民党右派の家父長的権威主義が二一世紀の日本を切り拓くものではなかったことを指摘しておきたい。

一例を挙げよう。二〇二〇年二月二七日木曜日の夕方、安倍は新型コロナウイルス対策として、三月二日から春休みまで全国の小中高校等を一斉に休校するという方針を表明した。木曜日の夕方に、翌週月曜日から学校を休みにしろと言われて、現場は大混乱した。親も、子どもの休校に対応するために様々な苦労を強いられた。安倍の頭の中では、子どもの学校が休みになったら、母親が昼食を作り、勉強を見ることが当然と考えられていたのであろう。しかし、そのようなことができる母親は今や少数である。たまたまこの日に、私は連合の会長、事務局長との会合に参加していた。その場で、全国一斉休校の首相指示に対して、連合幹部が「働く者をバカにしている」と怒っていたことを思い出す。

性別分業システムを自明視するだけでなく、選択的夫婦別姓制度やＬＧＢＴの権利擁護に対して頑強に反対する安倍や自民党右派に、「女性が輝く」社会を実現できるはずはない。そして、男女が平等に能力を発揮することなしに、経済的活力を取り戻すことはできない。ジェンダー平等やマイノリティの権利擁護は文化的争点と言われることもあるが、性別分業と男性の長時間労働に依拠してきた日本経済の「発展」モデルを転換する際には、女性やマイノリティの権利を保障することが経済システムの刷新に結びつくのである。実際、日本でもグローバル企業は必要に迫られ、従業員の権利確保のために先進的な対応を始めている。

失われた五〇年を振り返って

一九七三年の第一次石油ショックで高度成長が終わってから、歴代の政府は、八〇年代前半の行政改革と小さな政府路線、八〇年代後半のバブルの膨張促進、九〇年代の公共投資による景気対策、二〇〇〇年代の構造改革、二〇一〇年前後の民主党政権による生活第一路線、二〇一〇年代のアベノミクスと、試行錯誤を繰り返してきた。安倍政権は「バブル経済終焉以後の失われた二〇年に終止符を打つ」と叫んでアベノミクスを始めたのだが、失われた時代が一〇年延びただけである。高度成長終焉後の新たなシステムを構築できていないという点で、日本の失敗は失われた五〇年という時間幅でとらえることが的確ということになる。

この視点を最も早く提示したのは、前出対談での高橋の発言であった。高橋は次のように述べている。

> 戦後日本経済の大きな転換点は、一九七〇年前後に現れた構造的な貿易黒字にいかに対応するかにあった。その選択を間違ったことが今日の停滞につながっているという見方です。（中略）（ほとんどの経済学者、エコノミストが円の切り上げによって黒字の過剰を調整すべきと主張したのに対し、下村治と高橋亀吉は：引用者注）貿易黒字の定着は国内の貯蓄が民間設備投資に回りすぎ、それが輸出目当ての設備増強につながっていることが主因だ。だから、政府が国債の発行で貯蓄を吸収して、立ち遅れている教育や医療あるいは生活環境向けの社会投資に回せば、貿易黒字は解消できると反論したのです。
> （高橋・水野、前掲書、六二頁）

その後、石油危機への対処の中で日本は競争力強化を加速し、ショックから立ち直ったが、八〇年代後半からは競争力強化と円高のイタチごっこが続いた。下村と高橋（亀吉）が唱えたシステム転換はできないままであった。貯め込んだ富を国民生活のために有効に使えなかったことが、失われた五〇年の根本問題である。

今や、貿易赤字が定着し、国債発行残高は一〇〇〇兆円を超えている。社会への投資を行う余裕はないように見える。しかし「法人企業統計調査」（財務省）によると、企業（銀行、保険業を除く）の内部留保は一年分のGDPに匹敵する五五〇兆円を超えている。また、新型コロナウイルス対策として、二〇二〇年度以降毎年巨額の補正予算が編成され、予備費が計上された。

しかし、毎年度、繰り越し、不用（予算計上したものの結果的に使う必要のなくなったもの）が出ており、二〇二二年度決算では不用額は一一・三兆円に上った。富が偏在し、政府が資金を合理的に使う能力を失っていることは明らかである。今は、社会を立て直すための投資を行う最後の機会なのであろう。

未来社会の構想を！

今実行すべき政策を考えるためには、正確な現状認識が不可欠である。失われた五〇年を延長すれば、どんな地獄が待っているか。それを想像するのは、難しいことではない。

二〇二三年四月、厚生労働省の国立社会保障・人口問題研究所は、二〇七〇年までの日本の人口推計を発表した。それによれば、総人口は二〇二〇年の一億二六〇〇万人余りから二〇七〇年に八七〇〇万人に減少する。そのうち、六五歳以上の高齢人口は三四〇〇万人、総人口の三八・七％であり、生産年齢人口（一五歳から六四歳）は、現在の七五〇〇万人から四五〇〇万人に減少する。また、定住する外国人人口の割合は総人口の一一％、約八〇〇〇万人となる。

人口推計は高い確率で当たるものだが、総人口の一一％が外国人になるというのは根拠のない楽観であろう。出入国在留管理庁の発表によれば、二〇二二年六月末時点の在留外国人の数は二九六万人余りである。今後、円安が進み、日本の賃金が他の先進国よりも低くなると、外国から働き盛りの人に来てもらうことは困難になる。外国人が今後増え続け、五〇年後に八〇〇〇万人になるためには、本格的な移民政策を実行するしかないであろう。

民主主義の新しいモデルを

この問題は、安倍以降の自民党政権には解決できない難問である。なぜなら、一九九〇年代の危機を凌《しの》いだ自民党では、安倍に代表される右派政治家が台頭し、かつて存在した冷戦とは別物の「擬似的冷戦構造」をつくり出すことにより、自民党の存在理由を再定義したからである。

九〇年代以降の北朝鮮、二〇一〇年代以降の中国の脅威は実在のものであり、自民党によるフレームアップではないが、こうした仮想敵の存在から安倍政権が大きな利益を得たことは間違いない。また、九〇年代以降はソ連が消滅し、中国が市場経済化を進めたことにより、経済体制に関する左翼の脅威はなくなった。そこで右派政治家が取り組んだのが、女性の権利や家族に関する個人主義などの、文化争点をめぐる「共産主義」思想の脅威である。

民主党政権時代には、子育てを社会で行うという民主党の政策に対して、共産主義的と攻撃した。このように右派的イデオロギーを強調して、逆境にあっても支持してくれる、より強固な支持者をつかもうとした。二〇一二年に発表した憲法改正草案はその旗印であった。そうした家父長的権威主義は、旧統一教会の主張とも一致していた。男性と女性の権利を同じように保障し、外国にルーツを持つ人々とも共存する多様性のある社会をつくることは、自民党が最も躍起になって反対する政策である。

急速な人口減少が進む今、社会・経済の持続可能性を確保し、人間の様々な需要を充足する世の中を回していくためには、今後の日本社会のメンバーシップを再定義することが必要である。五〇年後の日本で、人間らしい生活を送るために必要なモノやサービスを生産・供給する経済システムを維持するために、どのような人間によって日本社会を構成するかという問いについては、五〇年後も日本社会を構成する人々に決めてもらうべきである。言い換えれば、四〇歳以上の壮年・老年の人間はこの問題に口出しすべきではない。一つだけはっきりしているのは、自民党が固執する伝統的な家族モデルや血筋正しい純粋な日本人などという幻想にしがみつく権威主義的ナショナリズムの発想で政策を続ければ、二一世紀終盤には日本社会は事実上消滅するということである。

未来社会のデザインに関する法制度を決定するためには、立法の手続きも別途用意する必要がある。高齢者の数が多く、投票率も高いので、代議政治において高齢者の声が過剰に反映されるというシルバーデモクラシーという言葉がある。これはいささか誇張された議論で、民主政治において世代間対立を煽《あお》ることは非生産的である。しかし、日本社会のメンバーシップという特定の課題についてだけ議論し、改革策を提起する若年者だけの合議体を設けることが必要ではないだろうか。このような特別な代表システムを設ければ、まだ政治参加の資格がない子どもたち、これから生まれてくる子どもたちをも視野に入れ、未来の日本社会のデザインについて意欲と責任感を若い人々に持ってもらうことも期待できる。

思えば、高度成長が終わってからの五〇年、あるいはバブル経済が終わってからの三〇年、日本は失敗を重ねてきた。あまつさえ、三・一一の教訓を忘れ、後世に巨大な負担を強いることになる原発再稼働を進め、最終処分の見通しのない核廃棄物をさらに増やそうとしている。失敗の教訓を踏まえるならば、誤った道を進む選択をした人々は退場すべきであろう。日本の経済社会のデザインと、それを決める政治的な仕組みについて、危機感を持って議論しなければならない。

終章

立憲民主党の再生戦略を問う

特別対談：枝野幸男×山口二郎

＊この対談は二〇二三年九月に行われたものを再構成したものです。

枝野幸男（えだの ゆきお）　政治家、弁護士。一九六四年、栃木県生まれ。民主党幹事長、内閣官房長官、経済産業大臣、立憲民主党代表などを歴任。『「事業仕分け」の力』（集英社新書）、『枝野ビジョン』（文春新書）など著書多数。

岸田文雄首相は「やりたいことが何もない」？

山口　二〇二一年一〇月に岸田文雄政権が誕生してから、すでに二年以上が経過しました。この間、岸田政権はどのような政策を行ってきたのか。まずは枝野さんの評価をうかがえますでしょうか。

枝野　よく言われますけれど、岸田さんは「実現したい政策」があって総理大臣になったわけではなく、「総理大臣になりたくてなった人」です。やりたいことがあったわけではないし、この二年間もなんとなく周りから言われて「これは良さそうだな」と思ったことを行ってきたにすぎない、というのが岸田さんに対する私の見解です。

だから、できるだけ総理大臣を長く続けたいので、二〇二三年九月に内閣改造を行ったときも、次の自民党総裁選を睨《にら》んだシフトを組んでいました。対世論の支持率がこれで上がるとか下がるとかではなく、自身の総裁選に向けて都合のいい人事を組んだわけです。これも、二三年一二月に裏金問題が噴出するまでは、ある意味成功していたと思います。

山口　そうなると衆議院の任期満了日である二五年一〇月三〇日まで、解散もする必要はないという感じでしょうか。

枝野　衆議院では内閣不信任決議案が可決されるほか、憲法七条「内閣の助言と承認を受けた天皇の国事行為」を根拠に解散する場合があります。「解散は首相の専権事項」と言われますが、この根拠となるのが憲法七条です。本来、憲法論的にはおかしいのですが、いつ解散されても不思議ではない。だから野党としては、いつ解散があってもいいように備えておく必要があります。

もっとも、二三年末の支持率急落と裏金問題で、岸田首相には解散する体力がなくなってしまいました。そうなると、次の総選挙は新しい自民党総裁が相手になる可能性が高くなっています。

山口　岸田さんは「やりたいことがあったわけではない」と言いますが、それでも首相就任から二年の間にいろいろなことを決めてきました。特に防衛力の抜本的強化や次世代原発の建て替え推進など、保守層の支持が集まりそうな問題にも数多く取り組んでいます。こうした岸田政権の政策については、どうご覧になっていますか。

枝野　じつは民主党政権（二〇〇九年八月〜一二年一二月）の以前と以後で、自民党は全く別の政党に変化しました。どういうことかというと党の綱領が大幅に変わったのです。だから岸田さんは、現在の綱領、つまり第二次安倍晋三政権以降の流れに沿う形で、何も考えずに政策を進めているのだと思います。

野党の支持率が上がらない理由

山口　岸田さんが出てきたときは、「宏池会出身の首相」ということで期待する人が多いように見えました。宏池会とは「軽武装・経済優先・消費生活の向上」などを政策として掲げた派閥で、池田勇人が佐藤栄作と袂《たもと》を分かって旗揚げしたのが始まりでした。宏池会は自民党内のリベラル派として知られていますが、「自民党は民主党政権の政権交代をはさんで別物になった」ということならば、もはや「宏池会路線」なんてものは存在しないということでしょうか。

枝野　現在の自民党の派閥は、人間関係あるいは損得関係からつくられていて、理念や政策によって結ばれているわけではありません。それが三〇年ほど国会で自民党の変化を間近に見てきた私の結論です。

山口　自民党は、二〇二三年の政治資金パーティーをめぐる問題で、岸田首相自ら会長を務めていた岸田派の解散を表明しました。さらに安倍派、二階派も解散を決定し、今後、派閥の影響力は大きく失われていくことが考えられます。

枝野　そもそも自民党が野党に転落する一九九三年までは派閥の影響力もあったのでしょうが、五五年体制が終わって三〇年以上が経ち、理念的なものは共有されなくなりました。

選挙区事情とか人間関係とか、面倒見がいいとか悪いとか、そうした偶然でどの派閥に属するかが決まってくる。だから、「どの派閥だからどういう政策傾向がある」みたいなものは、宏池会に限らずもはや存在しないと思います。逆を言えば、清和会の中にも「意外とリベラルだな」と感じる人もいます。

山口　清和会は宏池会と並ぶ名門派閥で、一九九八年に現在の正式名称である「清和政策研究会」へと改称しました。同派閥の代表的な政治家は岸信介《のぶすけ》に福田赳夫、そして故・安倍晋三です。安倍氏の銃撃事件以来、世界平和統一家庭連合（旧統一教会）との関係がマスコミや識者から指摘されています。なるほど、「派閥によるイデオロギーの違いはなくなった」と聞くと非常に納得します。だから岸田さんも、安倍路線を継承して安全保障政策の大転換を行ったというのですね。もちろんウクライナでの戦争の影響もあるとは思いますが。

さて、岸田政権の話はこれくらいにして、やはり枝野さんには野党の現状についてお話をうかがいたいと思います。現在、岸田政権への不満が高まっているのに、野党の支持率はあまり上向いていません。特に最近の世論調査では、日本維新の会の支持率が立憲民主党を上回っていることさえあります。この点、最大野党としてどのように見ていますか。

枝野　今の話には二つの側面があります。一つは三〇年前と比べて世論調査に対する見方を相当変えなければならないということです。固定電話にしろ携帯電話にしろ、知らない番号からかかってきた電話に出る人は、今どきほとんどいません。したがって、世論調査そのものの精度も、この三〇年で相当変わりました。

また、世論調査の〝濃度〟も変わってきていると思います。例えば内閣支持率にしても、「強い支持」なのか「弱い支持」なのか。不支持と答える理由がないから、「とりあえず支持」と答える人も少なくないと思います。だから新聞に載る数字をいちいち気にしても、仕方がないと考えます。

もう一つの側面、これは〝野党が〟ではなく〝永田町全体が〟だと思っているのですが、「新型コロナウイルス」の影響が大きかったということ。私は二〇二一年一一月まで立憲民主党の代表を務めていて、後半はコロナ禍と被っていました。東日本大震災の直後もそうでしたが、コロナ禍ではどうしても目の前のコロナ対応に全力を尽くすしかありません。そうしたこともあり、「政党や政治家が何をしたいのか」が国民にうまく伝わりませんでした。もちろん、それはどの党も同じですが、与党ならともかく「何をやろうとしているのかわからない野党」の支持率が上がるはずはありません。

確かに与党に対する不信、あるいは現状の政府に対する不満は、相当なレベルにまで高まっています。永田町に身を置く国会議員として、政府与党に対する世の中の不信感は、世論調査の数字以上に強く感じています。

消費税は合理的

山口　現在、枝野さんは代表から外れているので比較的自由な立場だと思いますが、遊説には行かれていますか。

枝野　遊説に行く場所の数でいえば、代表を務めていたときの方が圧倒的に多かったですが、その代わり今はゆっくりと回ることができています。例えば講演会でも、代表で忙しかったときは質疑応答もほとんどできなかったのですが、現在だと時間が結構あるから三〇分間質疑応答をして終わった後、有権者の方々と立ち話をするなんて時間もあります。〝きちんとコミュニケーションを取る〟という機会が圧倒的に増えました。

山口　そういう場所での有権者との議論では、野党に対する期待なり注文なりというのは、伝わってくるものでしょうか。

枝野　期待とまではいかないですが、今の政治に対する不満は、それこそ二〇〇〇年代に近いくらいまで高まっていると感じます。そして、政治全体に対して不信感・不満感を抱いているのに、その受け皿となる政党がないということに対する苛立《いらだ》ち。そうしたものを強く感じます。

山口　かつて民主党で政権交代を果たした勢力が、立憲民主党と国民民主党とに分かれてしまいました。あるいは日本維新の会という勢力が人気を得ていて、野党陣営がある種の分裂状態になっています。枝野さんは受け皿としての「野党共闘」について、どう考えていますか。

枝野　私は小選挙区制というシステムにこだわりがあるので、自民党に対抗するには「非自民勢力」が連携して候補者を一本化することが重要だと考えています。ただ、それはそれで模索しなければならないし、努力し続ける必要もありますが、それを優先してしまっていたことが「この一〇年の失敗」だったと反省もしています。野党がまとまろうとすると、「何をしたいか」が見えなくなってしまうからです。

政策のウイングを広げれば広げるほど、それは妥協の産物にもなってしまいます。例えば立憲民主党と日本維新の会では、経済政策の方向性が一八〇度違う。また、リベラリズムかパターナリズムかで言えば、立憲民主党と共産党とでは一八〇度違う。したがって、どこかで妥協しない限り、野党がまとまることはありません。

それぞれの党がまずは「我々はこういう社会をつくりたい」「このような政策を実現したい」というビジョンを持ち、「この政策は自民党にはできない、だから我々に力を与えてください」という信念を示さなければならないのに、野党がまとまるかどうかだけが先行してニュースになる。野党共闘という話は、あくまでも選挙テクニックの話ですから、こうした話題ばかりが連日報道されていては、国民は「野党が何をしたいのかわからない」と思うでしょう。それでは野党への支持が集まることはないと、最近ようやく気がつきました。

山口　しかし野党の場合、あまり目立つ場面がないというのも事実です。国会、特に予算審議の質問で注目を集めるしかなく、「今の立憲民主党が、どのような社会をつくろうとしているのか」というビジョンまで、一般の人々はなかなか知る機会がないと思います。

枝野　例えば、私が代表質問をしていたとき、「我々が政権を取ったら、こういうことをやりたい」という所信表明みたいな演説をしたことがあるのですが、あれを見た方はほとんどいません。夕方や夜のニュースでは、代表質問の各論部分だけしか取り上げられないからです。

現在の日本の政党で、掲げている政策がきちんと伝わっているのは二つだけだと思います。れいわ新選組の「消費税廃止」と、日本維新の会の「身を切る改革」です。日本維新の会が「身を切る改革」を主張していることだけは、皆さんもわかっている。ただ、それが自分にとっていいことなのか悪いことなのかまでは、全然ピンと来ていない人がほとんどです。ただ、なんとなく「あそこは既得権益をぶった切ろうとしている」というイメージだけは伝わってくる。だから一つの訴えるべきフレーズを決めて、「我々はこういう社会をつくりたい」「こんな社会はおかしいじゃないか」ということを繰り返すしかないと思います。

山口　立憲民主党、というか枝野さんが訴えようとしたフレーズは何でしょうか。

枝野　基本的には「支え合う社会を、我々はつくるのだ」という考えです。『枝野ビジョン　支え合う日本』（文春新書）という本を二〇二一年に出したのですが、このときは多少誤解を招いたところがありました。どのような誤解かというと、皆さん「支え合う」と聞いて「家族や親戚の支え合い」や「隣近所の支え合い」といった「共助」をイメージしてしまったのです。

私の考えは全く逆で、「身近な支え合いが機能しないのだから、国家全体で支え合おう」、つまり公共サービスを充実させようということ。これは私がというよりも、立憲民主党の基本的なビジョンと言ってもいいと思います。

山口　枝野さんが代表を退いてしまい、残念ながら「枝野ビジョン」もなんとなく遠景に引いていった感じがありますが、バブルがはじけて以降のいわゆる「失われた三〇年」、あるいは「アベノミクス以降の一〇年」で日本の国力が低下したということを、多くの人が感じるようになりました。物価は上がるし実質賃金は下がっていくし、さらに円安の進行で円の購買力も落ち込んでいます。

国際決済銀行（ＢＩＳ）が二〇二三年九月二一日に発表した八月の日本円の実質実効為替レート（二〇二〇年＝一〇〇）は七三・一九と、これまで過去最低だった一九七〇年八月の七三・四五を五三年ぶりに下回りました。長引くデフレに加えて円安が進み、一ドル＝三六〇円の固定相場制時代よりも円の価値が相対的に下がったと言えます。そうした日本の衰弱を示すデータや指標が山ほどありますが、立憲民主党として国民に対して何を訴えていくつもりでしょうか。

枝野　結局、不安が大きい社会になっているわけですから、その不安を小さくしなくてはなりません。そのためには、何かあったときに頼れる制度をつくる必要がありますが、身近な支え合いが機能しないわけですから、公的に頼れる場所をつくる、つまり公共サービスを充実させるしかありません。ところが大部分の公共サービスは低賃金・重労働・人手不足で、「サービスの量も質も足りない」という状況になっています。

一方で、日本の景気が悪いのは購買力が落ちている、つまり消費者に金がないことが原因です。民間企業に「賃金を上げろ」と言ったところで、それができるのは儲かっている会社だけですから、それならば公共サービスの担い手の給料を上げればいい。公共サービスの担い手の賃金を上げれば、人手不足も解消されるでしょう。そこに徹底して資源を配分すれば消費も伸びるし、困ったときの不安が小さくなって社会の活力も戻ってきます。公共サービスの担い手にお金を回す、これが私の考える「枝野ビジョン」です。

山口　その議論をしていくと、必然的に財源の問題に突き当たります。医療や介護、さらに教育といった公共サービスの分野で働く人たちの待遇を良くして人手を確保するという場合、かなりの税金を投入しなければなりません。その負担のあり方については、どのように説明しますか。

枝野　二〇〇九年に政権交代したときに失敗したのは、「財源問題にこだわりすぎた」ということです。マニフェストというのが時代の風潮だったので仕方がない部分もありましたが、税収は経済状況によって大きく変わってきます。

　財務省が二〇二三年七月に発表した二二年度の国の一般会計税収は、およそ七一兆一三七三億円と過去最高を更新しました。物価高の影響で消費税の税収が伸びたことに加え、企業の好業績や賃上げにより法人税と所得税も上向いたのが理由です。ちなみに税収は、二〇二〇年度から三年連続で過去最高となっています。経済状況で一〇兆円くらい簡単に上ブレするのですから、固定した税収に対して「こっちに何兆円使うんだったら、こっちで何兆円削らなくては」とか「何兆円増税しなければ」といった議論の土俵に上がってはいけません。

　例えば消費税は、消費が伸びたらその分だけ税収が自動的に増えます。また、非正規雇用で所得税を払っていない人たちが正規雇用になって、そこそこ稼げるようになれば、少なくともその人たちからは所得税が入ってくる。

　それに国内の所得の低い人たちの人件費に使ったお金は、ほぼそのまま国内消費に回ります。だから一〇兆円を低所得者向けに使えば、一〇兆円分は確実に国内消費が伸びる。したがって、低所得者の所得向上に一〇兆円使っても、一兆円は消費税として返ってくるわけです。

さらに国内の消費で一〇兆円が使われるのであれば、内需関連の産業が一〇兆円分潤います。そこから入ってくる法人税とか設備投資とかを考えれば、財務省的な数字のつじつま合わせに付き合う必要はありません。「俺は付き合わないぞ」と、今から繰り返し言い続けようと思います。

山口　二〇〇九年に民主党が政権交代を果たしたとき、「霞が関埋蔵金（国の各省庁が管理する特別会計の積立金や剰余金）の活用や事業仕分けなどで、一六兆円くらいの財源をねん出します」と公約しました。あのころ、マニフェストをつくった議員の皆さんは真面目すぎるところがありました。「与党としての能力を示すためには、きちんと財源の見通しも示さなければならない」という風潮があった。その土俵に乗ること自体が、むしろ自滅なのかなと、私は危惧《きぐ》していました。

他方で、れいわ新選組や共産党が「消費税をなくせ」「消費税を下げろ」と言い続けている。こうした消費税否定論については、どうお考えでしょうか。

枝野　社会民主主義勢力は基本的に、消費税を重視します。だから本来の左派的な勢力が、消費税を減らすとかなくすと言うのは論理矛盾しているし、有権者もそれに気づいているはずです。つまり、「公共サービスを充実させて、老後や子育てなどの不安を小さくする」

↓「そのためには公共サービスに従事する人を増やす」↓「そのために財政支出をする」と、いわゆる大きな政府にならざるを得ません。大きな政府を目指しておきながら、減税するというのは矛盾した政策です。おそらく有権者の皆さんもそのことに、本能的に気づいているのでしょう。消費税を下げるといって反応する票は、おそらく有権者全体で五〇〇万票くらいでしかありません。

五〇〇万票を得る小さな政党をつくって維持するのでしたら、その政策は正しい。だから、れいわ新選組がその政策を掲げているのは正しいわけです。ただし、政権を取ろうというなら違う視点が必要です。政権交代するには二五〇〇万票は取らなければならないのに、矛盾することを言っている政党が、二五〇〇万人もの有権者から信頼されるはずはないのです。

立憲民主党が二〇二一年衆院選と二二年参院選の公約に掲げた「消費税減税」は、コロナ対策のための時限的政策だったので私も〝あり〟としました。けれども「大きな政府」を目指すのに減税をするという政策は、緊急対策的なもの以外ではあり得ません。

低所得者対策として、我々は一貫して「戻し税方式」を主張しています。例えば年間可処分所得が三三〇万円の人は、概ね三〇〇万円を消費して三〇万円の消費税を払っています。所得以上に支出はできないわけですから、三〇万円以上払いようがありません。だとすると、極端なことを言えば三〇万円を全員にキャッシュバックすれば、可処分所得三三〇万円の人は計算上、支払った消費税の全額が返ってくることになります。富裕層でも三〇万円しか返さないとすると、例えば一年間で一億一〇〇〇万円分の買い物をする人は、そのうち一〇〇〇万円を消費税として納めてくれています。低所得者層の負担を限りなくゼロにしながら、富裕層には差し引き九七〇万円負担してもらう。間違いなく、消費税をゼロにするよりも、消費税負担相当額をキャッシュバックした方が合理的です。

低所得者対策をしつつ、財源を確保する。実際に行うとしたら、「生活必需品の消費税負担相当額」を現金でキャッシュバックするなど細かい調整は必要でしょう。

消費税そのものを下げると、消費をたくさんしている富裕層ほど大幅な減税になってしまいます。消費税をゼロにするよりも、低所得者の負担を「実質ゼロ」にする。立憲民主党は民主党時代から一貫して、これを訴え続けているのですが、なかなかうまく伝わってくれません。

山口　今、枝野さんが言われた「戻し税」という仕組みは英語で tax credit と言い、イギリスでは以前から行われています。制度設計はそれほど難しい話ではないので、日本でも導入可能だと思います。

枝野　軽減税率よりもよっぽど合理的です。

山口　ええ。そうした国民負担のあり方と、政府の役割・信頼性というものを中長期的な政策として訴えていくしかないと私も思います。

少子化問題の有効な対処法

山口　次にもう少し時間軸の幅を広げて、日本の課題を考えてみましょう。少子化問題についてですが、二〇二二年の日本の出生数が初めて八〇万人を割り込み、ようやく真剣に議論するようになりました。翌二三年四月に、厚労省の社会保障・人口問題研究所が公表した人口推定によると、およそ五〇年後の二〇七〇年に日本の総人口は八七〇〇万人になり、そのうち一一％は外国人だということです。

総人口が減るのは明らかですけれど、そのうち一一％が外国人というのは楽観的な見方だと思います。今後も円安が進み、日本の実質賃金が低くなっていくと、外国からの労働者がそれほど数多く来てくれるはずはありません。

日本は放っておくとどんどんしぼんでいく。こうした問題について、政治家の皆さんはどれくらい関心を持っていらっしゃるのでしょうか。

枝野　少子化が進んで「このまま総人口が減っていったらまずい」というのは、皆さんさすがに共通認識として持っていると思います。ただ、人口が減ること自体、私は別に悪いことではないと考えます。日本は有効活用可能な国土面積に対して、人口が多すぎました。急激な変化が問題だというだけで、緩やかに人口が減少していくなら、それでもいいと思います。

それよりも、希望しているのに家庭を持ったり結婚をしたりということができない若者が大幅に増えていることの方が大きな問題です。少子化はその結果であって。子どもの数を増やすこと自体を目的とするべきではありません。希望すれば家庭を持てる、希望すれば子どもを産み育てることができる社会を実現することが重要なのです。

山口　二〇二三年に日本財団が発表した一八歳から二〇歳を対象とした意識調査（「第52回価値観・ライフデザイン」報告書）によると、将来子どもを持ちたいと考える若者は約六割でした。一方で、「実際には、自分は将来、子どもを持つと思いますか」という問いに対しては、「必ず持つと思う」「多分持つと思う」と回答した人の割合は、男性で約四六％、女性が約四五％とそれぞれ四割台にとどまっています。子どもを持てない理由として最も多くの若者が挙げたのは、「金銭的な負担」と「仕事の両立」でした。これも枝野ビジョンでいろいろと議論があったと思いますが、特に若い人たちに向けて立憲民主党として何を訴えていきますか。

枝野　話は簡単で、とにかく希望したら全員を正社員にすること。「希望すれば必ず家庭を持ち、子どもを産み育てられるだけの賃金を得られる仕事がある」という社会にするしかありません。念のため言っておきますが、「結婚しているカップルが産む子どもの数」は、この三〇年間ほとんど変わっていません。

団塊ジュニア世代のトップランナーである一九七一年生まれも、二〇二四年には五三歳、一九七四年生まれの団塊ジュニア最後の世代も五〇歳です。一般的には、四〇代前半までが出産適齢期と言われているので、いよいよ子どもを産む世代の人数自体が減ってきています。さらに言うと、その〝結婚しない人〟の比率が大幅に増えていることが、少子化の進んだ理由です。日本では、結婚しないで子どもを産む人の比率はかなり低いですから。

一つの解決策として、フランスのように「結婚している・していない」に関係なく、子どもを持つことができる社会にするのも有効ですが、おそらく日本ではそう簡単にはいかないでしょう。そうなると、やはり結婚する人の比率を上げなくてはなりません。

問題は「低賃金の非正規雇用で働いているので、結婚をしたくてもできない」ことですから、そこを変えるしかない。今すぐにできることは給付型奨学金を増やす、もしくは国公立大学だけでも授業料を無償化すること。いきなり私立大学まで学費ゼロにするのは厳しいですが、国公立大学だけならば財源的に難しくはないはずです。

民間企業は儲からなければ正規雇用を増やせないし、賃金も上げられません。雇用状況を改善するのには時間がかかるので、まずは大学無償化から実行していくべきでしょう。

山口　日本の場合、教育に対する政府支出の対GDP比は他の先進国よりも、だいたい一～二％低いと言われています。日本の名目GDPが五九一兆四八二〇億円（内閣府、二〇二四年二月一五日）だから、金額で言えば五兆円ないし一〇兆円くらいのお金を増やす余地があるわけです。国公立大学の無償化なんて、その気になれば簡単にできるという話です。

安全保障に必要なのは「紛争に発展させないための努力」

山口　次に外交や安全保障の問題もうかがいたいと思います。現在の岸田政権を支えているのは「ウクライナ戦争」なのではと思うときがあります。戦争という大きな問題は国民を思考停止に追い込み、その他の課題を全部帳消しにしてしまいます。あるいは戦争の影響で石油の値段が上がると、「原発再稼働もやむなし」といった世論が出てくる。さらに近隣諸国との緊張が高まると、防衛費を増やすと言っても大きな反発は起こりません。
　そうした状況の中、立憲民主党としてはどういう形の対抗軸をつくっていきますか。もちろん、かつての社会党的な護憲平和では、もう太刀打ちできないということははっきりしています。

枝野　外交安全保障の問題は相手があることなので、他国の出方に対応して動くしかありません。例えば現在の日韓関係は、かつてと比べて格段に良くなりました。なぜ良くなったかというと、韓国の大統領が変わったからです。私は二〇二二年五月に韓国の大統領に就任した尹錫悦《ユン・ソンニョル》と、元徴用工の訴訟問題を解決させるべく対話を進めた岸田さんの外交手腕を高く評価しています。
　そもそも外交とは相手に合わせて変化していくものであって、最初から対立軸や対抗軸といったことにこだわる必要はありません。アメリカとの関係だって、ドナルド・トランプが再び大統領になる可能性だってあるわけですから、そうなると日本政府の外交政策も変わらざるを得ないでしょう。

山口　中国との関係はどうでしょうか。

枝野　第二次安倍晋三政権以降の自民党を支えていたのは、金正恩《キム・ジョンウン》と習近平《シー・チンピン》だと思っています。そして岸田政権になったら、そこにウラジーミル・プーチンが加わった。中国に関して言うと、習近平の時代がいつまでも続くわけではないので、日本にとって今は中国の政情次第としか言いようがありません。

私は親台湾派で、台湾の国会議員ともよく話をします。自民党の一部議員は台湾海峡のことでやたらと騒ぐのですが、台湾の大部分の人たちは「ありがた迷惑」と思っています。もちろん台湾の人たちにとって、「習近平が何をやらかすかわからない」といった不安は抱えながらも、それでも軍事的な紛争が実際に起こっては困るので、外交によって「紛争に発展させないための努力」を行っています。それなのに、台湾有事を日本が横から煽ってくるので迷惑している、というのが台湾をめぐる現在の状況です。

立憲民主党は、今後どう動くべきか

山口　最後に立憲民主党の「これから」について話を進めたいと思います。やはり次の総選挙に向けて、立憲民主党の立て直しをどう進めるのか、差しさわりのない範囲で決意をうかがえますでしょうか。

枝野　まずは、候補者の数を増やすことです。衆議院の候補者が少ないと比例票が入りません。全部の選挙区を埋める必要はないですが、二〇〇選挙区くらいは埋めないと比例票に響いてきます。

小選挙区で全国的に戦える野党は、現在のところ立憲民主党しかありませんが、「小選挙区で勝てる候補者」を新たに擁立するとなると、それほど簡単なことではありません。それでも、候補者を立てなければどうしようもない。これは岡田克也幹事長と大串博志選対委員長に頑張ってもらうしかありませんが、特に候補者を擁立できていない地域で、仮に次の選挙で勝てなくても、次の次を見越して立憲民主党の候補者を立てておく。どれくらいの候補者を擁立できるかというテクニカルな問題が、大事なポイントになってくると思います。

そのうえで、立憲民主党としてどのようなビジョンを掲げていくか。私も「枝野ビジョン」という自分なりの政策提言をしているわけですが、やはり党として私と同じでなくても、「我々はこういう社会をつくりたい」ということを訴えていく必要があると思います。

現在の日本は「沈みゆく船」のような状態ですので、国全体としてどのような方向に進んでいくのかを、すぐにでも決めなければなりません。しかし、そのような危機的な状況にもかかわらず、現在は「限りあるパイをどう分配するか」という議論ばかりに終始し、方向転換できる気配すらありません。

山口　もしかすると日本は、「行き着くところまで行かないと方向転換できない」のかもしれませんね。

枝野　しかし、いずれ誰かが決断しなくてはならないでしょう。私は国会議員になってから、「現代の鈴木貫太郎になりたい」と言い続けています。鈴木貫太郎は太平洋戦争終結時の総理大臣で、陸軍の反対を押し切ってポツダム宣言を受諾し、日本を終戦へと導きました。そうした日本の方向転換をするような仕事をしたいと、一貫して考えています。もちろん、新たに迎える「令和の終戦」も大変ですが、一九四五年のときよりもリカバリーはしやすいと思っています。

あとがき

この本は、集英社クオータリー『kotoba』二〇二二年春号から二〇二四年冬号に連載された、「日本はどこで道を誤ったのか――失われた三〇年再訪」という論稿に、加筆・修正を加えたものである。

政治と経済の絡み合いの中から現代を読み解くという仕事は、年来温めていたテーマであり、この機会に様々な資料を読み直し、過去のオピニオンリーダーや政策決定者の考えに触れることは、大変楽しい作業だった。連載の機会を与えてくれた、佐藤信夫氏（元集英社インターナショナル）と、連載中何かとご支援、ご教示いただいた集英社インターナショナル出版部編集長の本川浩史氏のお二人に、厚くお礼を申し上げたい。

日本経済の問題点、経済政策の誤りについて、門外漢である私に、様々な機会にご教示くださった、高橋伸彰（立命館大学名誉教授）、水野和夫（法政大学名誉教授）、金子勝（慶應義塾大学名誉教授）の三氏にも、心より感謝したい。

日本で政権交代に対する期待が高まらない理由の一つは、野党第一党の立憲民主党が、経済政策を持たないという批判を浴び、この党自身が「主流派」の経済政策に対して明確な対抗提案を打ち出さないことだろう。枝野幸男氏にはその隘路を突破するための議論を提起していただき、感謝したい。この本を出すことをきっかけに、もう一つの日本のあり方について、これらの先達とこれからも声を上げていきたい。

二〇二四年五月

山口二郎

山口二郎《やまぐち じろう》

政治学者、政治運動家、法政大学法学部教授。一九五八年、岡山県生まれ。東京大学法学部卒業。『政権交代とは何だったのか』『民主主義は終わるのか』(共に岩波新書)、『政治のしくみがわかる本』(岩波ジュニア新書)、『資本主義と民主主義の終焉』(水野和夫との共著/祥伝社新書)、『長期政権のあと』(佐藤優との共著/祥伝社新書)など著書多数。

日本《にほん》はどこで道《みち》を誤《あやま》ったのか

インターナショナル新書一四三

二〇二四年六月一二日 第一刷発行

著者 山口二郎《やまぐちじろう》
発行者 岩瀬 朗
発行所 株式会社 集英社インターナショナル
〒一〇一-〇〇六四 東京都千代田区神田猿楽町一-五-一八
電話 〇三-五二一一-二六三〇
発売所 株式会社 集英社
〒一〇一-八〇五〇 東京都千代田区一ツ橋二-五-一〇
電話 〇三-三二三〇-六〇八〇(読者係)
〇三-三二三〇-六三九三(販売部)書店専用
装幀 アルビレオ
印刷所 大日本印刷株式会社
製本所 加藤製本株式会社

 ISBN978-4-7976-8143-7 C0231

インターナショナル新書

136
死なないための暴力論
森元斎

思考停止の「暴力反対」から脱却せよ！　ジョルジュ・ソレルからデヴィッド・グレーバー、女性参政権獲得運動からＢＬＭまで……世界の思想・運動に学びつつ、よりよく生きるための倫理的な力のあり方を探る。

137
我々の死者と未来の他者
戦後日本人が失ったもの
大澤真幸

なぜ、日本人は気候変動問題に対する関心が低いのか。そのヒントは村上春樹らの小説や『鬼滅の刃』などの漫画作品にあった。〈我々の死者〉〈未来の他者〉をキーワードに、過去・未来と現在との「分断」の正体を暴く。

141
物理学者のすごい日常
橋本幸士

駅から学校まで、雨に濡れずに歩けるか。満員電車で席を確保する科学的方法。隣席の貧乏ゆすりを相殺する手段とは…。日々の生活を物理学的思考法で考え、実際に試してみる。常識をくつがえす、科学エッセイ。

142
平和道
人類1万年の歩みに学ぶ
前川仁之

世界の思想家、科学者、軍人らが追い求めた「平和志向」の歴史を旅する一冊！　ノンフィクション作家である著者が、古今東西、平和実現のための試みをつなぎ合わせ、現代人に求められる〝平和道〟を提示する。